「生まれ変わる」極意

人生を好転させる
お正月と
お盆の過ごし方

宮本辰彦

はじめに

私たちの人生はいつ、今の生活が一変するかもしれません。思いがけない幸運に恵まれるかと思えば、その反対に不幸のどん底に突き落とされることもあります。
ただ、どちらにしても「悔いのない人生を送りたい」というのが、私たちの願いではないでしょうか。

私たちの国、日本には古来より祓い清め、禊ぎ、先祖供養の伝統があります。これらは日本の古臭い精神文化のようにも思えます。しかし、日本という国が歴史上、世界に類例を見ない奇跡を起こし続けていることを考えると、日本人の根底にあるこの精神性こそ、着目するに値するものだといえましょう。

東日本大震災（巨大地震、大津波、原発事故）という国難は被災地だけではなく、日本全体に深い悲しみと苦難を与えました。
しかし近代以降、日本は明治維新、関東大震災、第二次世界大戦、阪神淡路大震災などに際して、世界が目を見張るような奇跡の復興と自己改革を繰り返して、国家的危機を何度も乗り越えてきました。

特に二〇一一年に起きた東日本大震災では、世界各国から日本人の精神性について、多くの賞賛の声が寄せられたことは記憶に新しいところです。

そして、こうした評価は私たち日本人にとって、たいへん大きな励みとなり、勇気づけられるものとなりました。

ところが私たち自身は案外と自分たちの精神性をよく理解していません。

語学と同じです。生まれも育ちもその国にあると、自然とその国の言葉が話せるようになります。しかし、文法を聞かれるとさっぱり説明できないのによく似ています。

私たちは自分たちの精神性を感覚的に身につけているだけであって、改めてそれを問われると、実はあまりよく理解していないのです。

この国に生まれ育った人たちにとって、当たり前のことを当たり前にやっているだけなのです。だから、自分たちの振る舞いにどうして世界が驚くような力が秘められているのか、あまりよくわかっていません。

そこで本書では私たち日本人の精神性を自己向上の観点から再確認していきます。そして、先人たちから受け継いだ習わしが、私たち現代人の自己啓発法に照らしても、いかに優れたものであるかを見直します。そのことによって古来より受け継いでいるはずの日本人の精神性を、今一度、私たち自身がしっかりと理解し、身につけられるようにしていきます。

そうすることで、この国がこれまでに起こしてきた数多くの奇跡と同じようなミラクルを、私たち自身のそれぞれの人生にも起こすのです。

近年、私たち日本人はかつてないほど「日本」を意識しています。

本書によって読者の皆様が、日本に生まれたことに喜びと誇りを感じ、さらにそれぞれの人生に意識改革を起こして、明るい希望の光を灯す一助となれば幸いです。

目次

第3章　初詣に秘められた意識改革のチャンス！

第4章　人生に意識改革を起こす日本の心！　お盆編

第5章　お盆に秘められた意識改革のチャンス！

第6章　禊ぎに秘められた意識改革のチャンス！

第1章

奇跡を起こし続ける日本人の精神性

世界から賞賛される日本人の特質

平成に入ってから、日本は二度の大震災に見舞われました。

しかし、そのような世界的な災害に遭ったにもかかわらず、日本人は秩序を失わず、復興に向けて立ち上がり、世界にその姿を強く印象づけました。

それではいったい、日本人のどこからそのような力は生まれてくるのでしょうか？

世界のジャーナリストたちはそれを、**日本人の律儀さ、秩序正しさ、寛容さ、大らかさ**にあるといいます。

日本は世界一、治安が良い国と昔からいわれてきましたが、災害時にこれほど略奪や窃盗が少ない国は珍しいといいます。

また、交通機能がマヒした首都が帰宅難民で溢れ、非常事態に陥っても、日本人は忍耐強くそれを受け入れ、譲り合いの精神を忘れずに、社会に調和が保たれました。

こうした災害時に本領を発揮する日本人の精神性。

これはハイテクの科学文明に生きる今の私たち日本人の意識にも、先祖から受け継いできた精神性が、その根底に息づいているからではないでしょうか。そして、その精神性とは日の丸の国旗にも表されているように、太陽の神を頂点に戴《いただ》く八百万の神々、すなわち大自然を神と崇める、自然崇拝の民族性に他なりません。

驚嘆すべき日本の復興力、それは力強い大自然の生命力そのものといっても良いでしょう。

たとえば大自然は寸分狂わぬ法則性の中で運行しています。それはある意味でどんなに頑固な考え方の持ち主より、融通が効かない厳密さです。

その一方で大自然は美醜《びしゅう》の区別なく、すべてのものを包み込んで存在しています。咲き乱れる綺麗な花々や美しい蝶々がいるかと思えば、動物の死骸や糞、ゴキブリやムカデなどの害虫もいます。

美しいものだけを抽出しているのが、人間の作った人工物の美しさだとしたら、自然界は美醜のすべてを内包した上で、そこにさらなる大局的な美しさを、陰陽の調和の中に生み出しているのです。

つまり、日本人の律儀と秩序正しさ、寛容と大らかさは一見、相容れないもののように見えますが、大自然そのものが、実はこの両極を併せ持って成り立っているのです。そして、人としての生き方、心のあり方を、自然から習おうとしてきた日本人は、そんな自然界の有り様を、そのまま自分たちの民族性にしてきたのでしょう。

鉄道で数分のダイヤの乱れも許さない時間厳守の国民性は、時に窮屈さを感じます。しかし、考えてみれば大自然の運行はそれよりもさらに厳密です。大らかさは時に節度なくいい加減に映りますが、その寛容さがあるからこそ、他民族の文化をどんどん吸収して、さらに改良を加えて、独自の文化に高めて進化発展してきたのです。

私たち日本人は、大自然が多種多様に進化を遂げてきたのと同じように、秩序と寛容の精神をもって、どんどん発展してきました。

コンクリートやアスファルトの割れ目からでも、芽を伸ばして生きようとする植物のように、自然に倣《なら》おうとする日本人の心には、大自然の逞《たくま》しさが息づいています。

自然から倣い、自然の摂理にしたがって生きようとする姿勢のことを、日本語では「神ながらの道」といいます。すなわち「神道」です。

神道は私たち日本人にとっては宗教ではありません。

お正月、お雛祭り、端午の節句、七五三参り、年末の大掃除、等々。これらすべての伝統行事は実は全て神道行事でもあります。そして、神道行事であると同時に、私たち日本人の精神文化そのものでもあるのです。

古来より私たち日本人の心に脈打つ神道には、教祖も教典も教義もありません。それは自然そのものが教祖であり、教典であり、教義だからです。したがって神道はいわゆる人為的にできた組織団体によって成り立ち、布教活動によって勢力を拡大しようとする、いわゆる宗教とは異質のものです。宗教以前の「宗源」といっても良いでしょう。

しかし、これは何も日本人だけのものではありません。このように自然の中から人生の答えを得ようとする神ながらの精神は、元々世界中にありました。

たとえばネイティブ・アメリカンの教えやハワイアンのアロハ・スピリットをはじめ

とする、世界の先住民族たちの教えがそうです。また、あのイエスも釈迦も、自然から学ぶ「神ながらの精神」を持った人たちでした。

彼らは深い瞑想の末に、自然の中から真理を導き出して、「この世は愛である」「この世は慈悲であり、空である」と悟りました。

つまり、彼らもまた自然を見つめることによって真理を見出すという意味では、一宗教の開祖である以前に、神ながらの精神を持った「神道家」だったのです。

ことあるごとに意識をリセットする祓い清めの文化

神道の考え方、いや日本人の考え方には、古くから「祓《はら》い」「清め」という思想があります。

たとえば男女共に厄年を迎えると、厄祓いをする習慣が、今でも根強くあります。また、年末になると日本人は新年を迎える前に、家屋敷を祓い清めるために、毎年大掃除を行っています。年末になったら世界中の人々が大掃除をすると思っている人がいるかもしれませんが、決してそうではありません。これは、祓い清めの文化を持つ日本人独特の風習です。

「はらう」とは本来の状態に戻すという意味です。

だから、精神的に穢れた状態から、そうではない元の状態に戻すことを、「穢《けが》れを祓う」といいます。

また、**穢れとは「気・枯れ」、気が枯れてしまった状態のことです。**そこでそれを元の状態に戻すために清めるのです。

そして、**清めるとは「気・蘇る」という意味です。**「清める」ことによって「穢れ」（気・枯れ）が本来あるべき状態に祓われるのです。

このような精神的な祓いに対して、物質的なはらいを「掃う」といいます。

ホコリを掃う、服についた汚れを掃うという具合です。

これもやはり汚れていない、本来の状態に戻すという意味です。

また、買い物をした時やお店で食事をした時に、お店にお金を渡すことも、お金を「払う」といいます。

それも「祓う」や「掃う」と同じです。もらった商品、いただいた食事に対してお金を払うことによって、貸し借りのない元の状態に戻すということです。

神道をはじめ、世界のさまざまな宗教で、「人は皆、神の子」といいます。

ところが生きていく中で、私たちはさまざまなストレスを抱え、不浄の思いを抱いてしまい、神の子としての輝きを失い、穢れた状態（気・枯れ）に陥ってしまいます。

そこでそれをリセットするために神の力、すなわち大自然の力をいただいて、自らを祓い清める（気・蘇る）というのが日本人の発想です。


「子はやがて親になる」これもまた自然の摂理でしょう。

実際に結婚をするしないとか、子供ができるできないの意味ではありません。

たとえば植物でも、花を咲かせた後には種を作り、次代へつなげていくように、すべての生物は、子はやがて親になるような生理的な仕組みになっているということです。

その自然の摂理にしたがえば、「人は皆、神の子」である以上、**私たち人間もまた、親である神を目指して、律儀に秩序正しく、大らかに寛容の精神を養い、そのことで精神性を高めて神に近づいていく、それが私たち日本人の意識の根底にある思想（理想の生き方）なのです。**

そして、そのように生きようとしてきた日本人の姿勢が、多くの奇跡を神業《かみわざ》のようにこの国に起こしてきたのです。

災難は天然の祓い清め

私たちは幸せに生きたいと思って、この人生を生きています。
そして、それは時代や民族にかかわらず、万人の願いといえましょう。
幸せとは言い換えれば、不幸にならないことです。
つまり、いかに日々の生活から不幸を減らすかということです。
日本人はそのような考えから、この大自然の有り様を深く見つめてきました。
するとどうやら、そこにはある仕組みのあることに気づいたのです。

すなわち、人の一生には節目があるということです。そして、そこには目に見える節目と、目に見えない節目があるのです。

目に見える節目とは「人生儀礼」といわれるように、出生、成人、結婚、死といったもののことです。広い意味では社会的な入学や就職、転職などもそうです。つまり、目に見えてわかる、人生の転機のすべてを指します。

それに対して目に見えない節目とは、魂がその成長に応じて通過する節目のことです。もちろん目に見える節目と目に見えない節目が重なる場合もあります。

ただ、目に見えない魂の節目を通過する時には、**自然の摂理にしたがって、魂は次のステージに入るために、必ず過去の清算をする仕組みになっているのです。**

いくら神の子とはいえ、生身の人間である私たちは、神そのものではありません。したがって常に清く、正しく、美しく生きられるわけではありません。不浄の思いを抱くこともあれば、過ちを犯すこともあります。だから節目を迎え、次のステージに入るためには、それまでの行いに対する清算をしなければなりません。

そして、どうやらこの清算が「災い」という形で、私たちの身に降りかかっていると考えられているのです。

災いは時に私たちに自省の機会を与えてくれます。そして、そのことを通して、私たちが我が身を振り返り、心から改心することができたなら、私たちは神の子として、本来の輝きを取り戻すことができます。それが気・蘇る、すなわち清まったということです。つまり、災いという清算も「本来の状態に戻す」ということでいえば、お祓いと同じ意味を持ちます。ですから、災いはそれまでの人生の清算のために起こる「天然のお祓い」なのです。ただし、災いはその機会を与えてくれるだけであって、実際に自省をするかどうかは、本人次第です。

というのも大抵の場合、私たちは災いを自省の機会とは捉えず、ただ不幸なことと感じてしまうからです。つまり、受け入れることのできない、否定せずにはいられない出来事に終わってしまい、自省の機会とはならないのです。

しかもいったん不幸と感じる状態に陥ると、人はなかなかそこから抜け出せずに、いつまでもそれを引きずってしまいがちです。しかし、それでは災いをいつまでも引きずってばかりで、前向きに生きることができません。それではせっかく次のステージに移るための清算として起こったはずの災いが、その役割を果たせずに、私たちは生まれ変わりのきっかけを逸してしまいます。

そこでそのような不幸な状態を引きずらない発想が、「災難は天然の祓い清め」という考え方です。そうやってその出来事を受け入れてしまうのです。

たとえ今は辛く悲しくても、最終的には自分の成長のため、魂の次の展開を促すために、災難は起こるべくして起こったのだと、潔く観念してしまい、前向きに受け止めるようにするのです。

身に降りかかった災難は次に移るお知らせ

目に見える節目なら、誰にでもわかります。しかし、目に見えない節目には、なかなか気づけないものです。

そこでもしあなたが人生で心ならずも災いに遭ってしまったら、ただその不幸を嘆くのではなく、それをお知らせと捉えるのです。

「あなたは今、次のステージに移る魂の節目を迎えていますよ」というお知らせだと信じ切ってしまうのです。

被ってしまった災いにいつまでもとらわれるのではなく、「これは次のステージに移るお知らせなのだ」と前向きに受け止めてしまいます。そして、「人生の新たな幕がこれから上がるのだ」と、これから先の未来に意識を向けて、ワクワクと希望を持って生きることです。

アスファルトの割れ目からでも、芽を伸ばして生きようとする植物のように、私たちがこの人生を逞しく生きるためには、このように潔く割り切って考えることも時には必要でしょう。いくら考えても埒《らち》のあかないことは、人生にはつきものです。過去をいつまでも引きずる心持ちでは、とても大自然の力を我がものとすることはできません。

このように本来なら不幸と感じるような出来事を、プラスに捉えるようにすること、それが「神ながらの精神」なのです。

実際、思いもよらない災難に遭った時、それを境に人生が好転する人と、悪化する人がいます。

好転する人の思考を見ると、彼らは「すでに起きてしまった事実は受け入れるしかない」と、潔く観念して開き直り、その上で前向きに生きようとします。つまり、心をリセットすることが上手なのです。人生の展開や活路は意外とそういう思いもよらないところにあったりするものです。

それに対して悪化する人の思考を見ると、彼らは起きてしまった災難を、受け入れることができずにいつまでも引きずり、不運を嘆くばかりで、時計の針がそこで止まっています。つまり、心のリセットが下手なのです。

気持ちの持ち方を説明するのに「コップ半分の水」のたとえ話があります。

真夏の暑い日、カラカラに喉が渇いて部屋へ入った時に、テーブルの上によく冷えたコップ半分の水がありました。

ある人はコップ半分の水を「よく冷えて有り難い！」とプラスに捉えて、感謝して水をいただきます。

ところがある人は、「半分しか水が入っていない」ことばかりが気になり、マイナスに捉えて、不満を抱きます。

しかし、事実はプラスでもマイナスでもなく、幸でも不幸でもありません。コップに半分水が入っているという、ただそれだけです。

それと同じように、私たちの身に起こるさまざまな出来事も、「これはラッキー」「これはアンラッキー」と、札が付いているわけではありません。その人その人の受け止め方次第です。

だから、時に誰が見ても不幸と感じるような出来事であっても、当の本人はそれを「幸《さいわ》いなり」と、心から感じている場合もあります。

実際、波瀾万丈な人生の末に、功成り名遂げた人ほど、過去の苦難を「あれがあったからこそ、今の自分がある」とその出来事を前向きに捉えて、災いどころか感謝に絶えない「幸」と受けとめていることがあります。

だから、人生の節目に起こる災難も、それ自体を「不幸な出来事」とレッテルを貼るのではなくて、もっと大局的に見ることです。本人の受け止め方や今後の生き方次第で、それは不運とも幸運ともなり得るからです。

そのためにも身に降りかかった災難を「お知らせ」と受けとめて、それを次のステージに移る、生まれ変わりの好機だと割り切ってしまいます。難しいことかもしれませんが、そのように受け止めるだけでも、私たちはずいぶんと不幸と感じることや、精神的なストレスから解放されるはずです。そして、そのために先人たちはさまざまな禊ぎの方法や文化を、私たちの心のリセットのために用意してくれているのです。

人生最大の災いといえば「死」でしょう。身内や親しい人の死ほど悲しいものはありません。

しかし、もし本当に魂が生まれ変わりを繰り返しているのだとしたら、魂が次のステージへ進むためには、いつか肉体の死という災いを迎えなければなりません。肉体の死によって、魂は生前のすべてを清算する必要があるからです。

輪廻転生という大局的な魂の観点に立てば、死も魂にとっての一つの通過点に過ぎません。世界の多くの宗教も「死は新たな門出」といいます。

俗に、成仏せずに浮かばれない霊というものがあります。

死という清算を済ませたはずなのに、生前に強いわだかまりや未練を残したままでいるために、いつまでもあの世へ還れずに、次の来世を迎えることができない不成仏霊のことです。

だから、私は冗談半分、本気半分でよく言います。「過ぎてしまった過去をいつまでも引きずる性格の人は、死後に不成仏霊になりやすいから、気をつけなければいけませんよ。そうならないためにも生きているうちに、過去にこだわる性格の人は、それを改めておくことが大事ですよ」と。

本当のところはわかりません。しかし、そのように捉えた方が生きている今この人生を、より前向きに生きられるのであれば、それで良いではありませんか。

大難を少しでも無難にする先人たちの知恵

仕事柄、私は目に見えない心や、人生の流れというものを見つめる機会が多くあります。そんなある日のことです。私は自分がそろそろ人生の節目に差しかかっているような予感がしました。

その矢先に私は車上狙いに遭ってしまい、車の窓を割られて車中の物を盗まれ、修理代に十万円かかってしまいました。

ところがその時の私の心は、ことのほか平静を保っていました。

それどころかそのような災難に遭ったにもかかわらず、落ち込むことなく「やはりそうだったか」と、それまでうっすらと感じていた人生の節目に、強い確信を持ったのです。それはこの災難を「お知らせ」と受け止めたからです。

そのお陰で私は不要に誰かに怒りをぶつけたり、犯人を恨んだりすることもなく、自分が被った災難をいつまでも引きずらずに済みました。

神社で受けるお祓いは、私たちが人生の節目で受けるであろう災難を、少しでも和らげるための、先人たちの願いであり、知恵です。

たとえばもし私が車上狙いに遭う前に、人生の節目を予感して、前もって神社でお祓いを受けていたとしましょう。

お祓いを受ける場合には初穂料（お祓い代）を要しますし、さらにお酒や供物を神に捧げることで、自分の真心をより丁寧に示すこともあります。仮にそれが一万円かかったとします。

そして、神社でのお祓いの儀式をきっかけに、真摯な気持ちで自分のこれまでの行いを省みて、心を改めたとします。

その結果、そのような自省と捧げ物が功を奏して、災難に遭うことなく十万円の出費が一万円で済んだなら、これほど有り難いことはありません。

これが大難を中難に、中難を小難に、小難を無難にする、神道の業です。

このように**神社でお祓いを受けるのは、災難を自然の成り行きに任せて、受け身に被るのではなくて、生まれ変わるきっかけを自らの力で積極的に作り出す行為なのです。**

ただし、その時に肝に銘じておかなければならないことがあります。それは**しっかりとした自己反省を伴うものでなければ、いくら神社でお祓いを受けても、それは形だけの気休めに終わってしまうということです。**

「お祓い」とは自己反省による改心のこと

さてお祓いという言葉から、あなたはどのようなイメージを持たれるでしょうか。神社での厄祓いはもちろんのこと、神前結婚や地鎮祭で神主さんがお祓いをしている姿、あるいは霊能力を持った術者が不運に見舞われている依頼者に対して、オカルト的にお祓いをしている姿等ではないでしょうか。

たとえばある家庭の夫婦や親子関係が、最近ぎくしゃくして、仲が悪かったとしましょう。すると迷信深いその家族は、何か霊障か先祖の祟りが原因ではないかと、噂に聞いた術者にお願いをして、お祓いをしてもらったとします。術者のもっともらしいパフォーマンスに、すっかりその効果を信じて、しばらくはすべてが良くなったような気がしました。ところがどうも効果は最初のうちだけで、また元の不穏な関係に戻ってしまいました。そこであの術者では力不足だったのだと、次の術者を頼って、そしてまた次を頼ってと、同じことを繰り返すことがあります。世の中にそういう人たちがいるのも確かです。

私はそのようなオカルトを全否定するつもりはありません。確かにこの世には科学では説明しきれない不思議なことがあることを、私自身も体験しているからです。しかし、本書はそうしたスピリチュアルではなく、より現実的に自分を生まれ変わらせることを目的としています。

そこでこのように考えてみてはいかがでしょうか。

たとえば先ほどの家族の場合、ぎくしゃくした夫婦や親子関係を感じたなら、まず当人たちが互いに我が身を振り返ります。

相手と接する時の自分の言動に、相手への思いやりはあっただろうか。

自分の思いだけを相手に押しつけて、相手の気持ちを理解しようと心がけていただろうかと反省します。

そのような「自己反省」をした結果、それが功を奏してお互いの関係が良くなるということは、現実的に十分考えられます。

お祓いとは本来あるべき状態に戻すことです。そのために何よりも大切なことは、このような「自己反省」を、しっかりと行うことです。それをやらずにただ形式的に、神社で神主任せのお祓いを受けても意味はありません。

他人任せで誰かに依存するのではなく、しっかりとした自己反省ができた時に、はじめて「祓われた」といえるのです。それができてはじめて私たちは、自分を本来あるべき状態に戻すことができるのです。これがお祓いの極意です。

さらに**お祓いで一番大切なことは、心を改めようとするとする本人の決心です。**神社で受けるお祓いには、本人が立てた誓いの気持ちを、神主の真心のこもった厳かな祈りによって、さらに真摯なものへと高めてくれる力があります。

だから、**お祓いとは何か不思議な霊力によって、魔物を退散させるとか、そういうことではなくて、もっと現実的な自己反省によってなされるものだと考えるべきでしょう。**

そうしないと、本当は効果があるかどうか、判別のしようもない術者のお祓いに、いたずらに依存してしまったり、騙されたりして、余計な出費をしてしまわないとも限りません。あるいは神職の執り行う、真心のこもったお祓いを、手軽なおまじない程度のものと軽んじて、安易な受け止め方をしてしまうかもしれないからです。それでは本書のテーマである、意識改革を生み出すためのお祓いには、遠く及ばないものになってしまいます。

そこで「自己反省によるお祓い」とはどのようなものなのか、私の体験を通してご説明したいと思います。

日本の伝統的な精神修養法の一つに滝行があります。

季節にかかわらず、私は三重県鈴鹿市にある椿大神社の滝行に毎月参加しています。ところが始めてから十年がとうに過ぎているのに、厳冬の滝行には毎回、臆してしまいます。そして「この寒い中、自分は何のために滝になんか打たれに来ているのだろう」と、情けない思いがつい湧いてしまいます。

人は「不惑の四十」を半ばも過ぎると、いつの間にかこれまで生きてきた自分の人生に慢心し、驕《おご》りの気持ちが心の奥に巣くいます。

ところが真冬の滝行は、そんな大人ぶった傲慢な心をいっぺんに吹き飛ばしてしまい、寒さに震え上がる情けない自分、弱い自分、愚痴をいう自分、ずるをしようとする自分、未熟な自分があぶり出されて、毎回嫌というほどにそれを思い知らされるのです。

そして、不遜に穢れてしまった自分の心を覚まし、謙虚になることの大切さをその都度、思い出させてくれます。そのお陰で私は有り難いことに、これまで自分を見失わずに済んでいたのだと思います。

つまり、真冬の滝行は私の穢れた意識を、このように祓ってくれていたのです。

人生に意識改革を起こすという、本書の観点にしたがえば、**厄祓いに代表される「祓い」とは、人生を歩む中で知らず知らずの内に、道を踏み外してしまいそうになった自分の不浄の心を、深い自己反省によって本来あるべき位置に戻すことです。**

あの日本を代表するトヨタ自動車の「改善」という言葉もそうです。これは「KAIZEN」として世界にも知られた概念ですが、この思想の根底にもやはり日本人の「自己反省の精神」が息づいているのです。

人災は憎しみを生み、天災は奇跡を生む

災いには二種類あります。それが「人災」と「天災」です。
どちらも私たちに苦しみや悲しみという難を与えることから、災難といいます。
しかし、決定的に違うことがあります。
それは**「人災は憎しみを生み、天災は奇跡を生む」**ということです。

「人災」の最たるものが戦争です。
戦争が人々の心に深い悲しみと憎しみを生むことは、誰もが知っていることです。
それに対して「天災」はどうすることもできない自然災害のことです。
こちらも人々に苦難を与えますが、それだけではなくて奇跡を生むことがあります。

一九九五年に起こった阪神淡路大震災では、六千人以上もの犠牲者を出しました。
ところが震災によって多くの悲しみがもたらされた一方で、考えられないような数多くの奇跡も生み出されました。

たとえば広域指定暴力団が、いち早く被災地におむつやミルクを届けるという、平常時では考えられない奇跡。

あるいは大人たちがどうすることもできなかった、目的を喪失し荒廃してしまった若者たちの心を、震災が一気に彼らの意識をボランティアへと駆り立て、正気に戻したという奇跡。


二〇一一年に起きた東日本大震災でも奇跡は起きました。

巨大地震と大津波による空前の被害は、世界に大きな衝撃を与えましたが、日本に対する世界の評価はかつてない高まりを見せました。

反日感情が強いはずの中国さえ「日本人のマナーの良さは、五〇年後の中国でも実現できない教育の結果」とネットで絶賛され、国連からは「日本は今まで世界中に援助をしてきた援助大国だ。今回は国連が全力で日本を援助する」と励まされ、「日本がなくなれば、アニメも何も楽しみがなくなる」と惜しまれ、いくつもの国から「日本への恩返し」という言葉が聞かれました。

未曾有の天災によって、堰《せき》を切ったように世界中から、このようにかつてない熱く温かい眼差しを、私たちの国日本は向けられることとなりました。

敗戦後、日本が世界に対して地道に行ってきた国際貢献が、一気に報われる形となったのです。


このように「天災」は時に私たちに奇跡をもたらしてくれるのです。

それが、天災が「天」災たる由縁です。

災害である以上は大変な苦難を被ることには違いありませんが、「天災は奇跡を生む」という言葉を信じて、悲しみを乗り越えて、希望を持って前向に生きることが、自然災害に遭った時の気持ちの持ち方です。


一方、人災につきまとう感情が憎しみです。

いつまでもそれを許さずに引きずっていたのでは、私たちは前へ進むことができません。それではたった一度きりしかない、この大切な人生を輝かせて生きることはできず、心の再生もありません。

だから、許すのは相手のためではなく、自分のためなのです。

憎しみを抱えたままでは、戦災で亡くなった人の分まで幸せに生きることはできません。戦後の日本人は、敵国アメリカに対する憎しみを水に流しました。その結果、敗戦で日本全国が焦土と化したにもかかわらず、奇跡的な復興と繁栄が人々にもたらされたのです。

このようにいかに憎しみを克服して「許し」を習得するかが、人災に遭った時の私たちの心構えです。

「天災」は奇跡を信じて、前向きに生きること。

「人災」は憎しみを乗り越えて、許しを習得すること。

人生で災難に遭うたびに、この言葉を心に刻むことです。

二大イベントに集約された日本人の精神性

多くの人は日本に生まれ育ちながら、その精神性を普段の生活で実感することはほとんどありません。それがあまりにも当たり前すぎるからです。だから、たとえそれが日常生活に息づいていたとしても、取り立てて意識することがありません。

しかし、本章のタイトルにもあるように、この国の精神性には、世界が驚嘆するような奇跡を起こす力が備わっています。だから、もしもそれを私たち一人一人が身につけることができれば、私たち個人のレベルにおいても、とんでもない奇跡をこの人生に起こすことができるかもしれないのです。

人生にそのような奇跡を起こすためには、何か特別な講習会やセミナーを受けるか、難しいトレーニングを受ける必要があるのではないかと思われるかもしれません。しかし、そのような必要はありません。

なぜなら私たちが毎年体験する国民的行事の中に、それを身につける絶好の機会があるからです。日本国中が年に二度盛り上がる、私たちが先人たちから受け継いできた伝統行事、「お正月」と「お盆」の中にこそ、その機会はあるのです。

お正月には初詣をするもの、お盆にはお墓参りをするもの。

「そういうものだから…」という感覚で、特に意識することなく、「昔からの習わしだから…」程度の気持ちで、お正月やお盆を過ごしている人たちは多いと思います。

しかし、私たちが毎年行っているこの国民的行事、お正月とお盆には、日本人の精神性が凝縮されています。

決して時代遅れの迷信じみた習わしでも、形骸化《けいがいか》してしまった日本の精神文化でもありません。現代人にそのまま活用できる、年に二度ある最高の意識改革の場なのです。

自己啓発や心理学の知識に長けた現代人の視点からみても、お正月とお盆の一連の行事には、たいへん優れたものがあります。これを見逃す手はありません。

せっかく半期に一度、毎年訪れるのですから、お正月とお盆を堅苦しい昔ながらの伝統文化と受け止めずに、意識改革と人生好転の絶好のチャンスとすれば良いのです。

そこで次章からは日本の精神文化の魅力を再確認しながら、それを現代人の感性に思い切りリメイクして紹介していきたいと思います。

そして、この二大イベントを形式的な風習や惰性の行事に終わらせるのではなく、是非とも自己啓発と意識改革の好機として欲しいのです。

どうせ毎年迎えるなら、先人たちから受け継いだこの二大イベントを、最高の生まれ変わりの好機としようではありませんか！

第1章のポイント

◆穢れる…気・枯れる

本心を偽るような生き方、心身を害するような不規則な生活。あるいは自堕落な生活態度、さらに心配、怒り、後悔、妬み、自己否定、不平不満といったネガティブな感情を持つことによって、心身のエネルギーは淀《よど》んでしまいます。

その結果、心身は自然の摂理から外れてしまい、リズムを崩した状態に陥ってしまいます。これが穢れた状態です。

◆清める…気・蘇る

清めるとは、心身を健康な状態に戻すこと、気力充実した状態に回復させることです。

肉体は養生や適度な運動によって清められていきます。

精神は自分の心の有りようをよく観察し、反省することによって清められていきます。

つまり、自分の心と体に意識を向けて、自分をきちんと愛することによって、心身は清められていくのです。

◆祓う…本来あるべき状態に戻すこと

祓うとは、本来あるべき状態から外れてしまった生き方や意識を正すことです。そのために最も大切なことは本人による自己反省です。

自己反省が完遂できた時に「祓われた」といいます。

◆人災…人間の起こした災難

人災を克服する秘訣は、憎しみを乗り越えて、許しを習得することです。

◆天災…自然の起こした災難

天災を克服する秘訣は、奇跡を信じて、前向きに生きることです。

コラム

水と塩による祓い清め

水と塩は大自然の生命とエネルギーを象徴する物質です。だから、神社では祓い清めの具体的な手段として、水と塩がよく使われます。

たとえば鳥居をくぐり、神社の境内に入ると、まず手水舎で手と口を清めます。これは本来なら川に浸かって身を清める禊ぎが簡略化したものです。お祓いなどで粗塩《あらじお》を撒《ま》くのも、全てのものを浄化するといわれる海水に浸かって、身を清める禊ぎが簡略化したものです。

塩には物理的に殺菌や防腐作用があります。また、精神的には邪気を祓う、あるいは邪気を吸着する働きがあるといわれています。

日本の神道に限らず、さまざまな国や宗教で、水と塩が神聖視されるのも、水と塩にそれだけの力があると信じられているからです。

次に紹介するものは科学的に実証されている物理的なものと、それが難しい精神的な

本来は川に入って身を清める
「禊ぎ」が簡略化された手水舎

あたりの邪気を吸着する力が
あると考えられている盛り塩

お相撲さんが土俵に塩を撒く
のも場を清めるためのもの

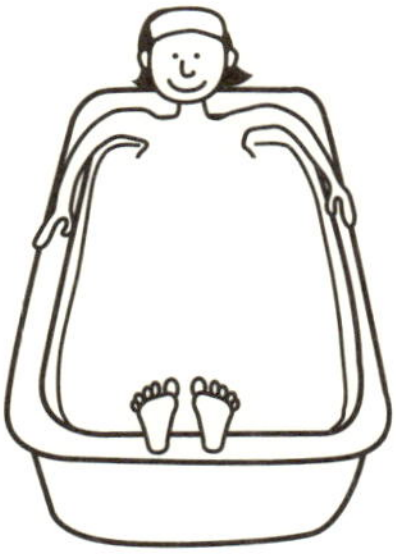

現代版祓い清めであるデトッ
クス効果が期待できる塩入浴

ものとがあります。塩の殺菌作用はすでに知られていますが、現代科学で証明がしづらい、精神的な祓い清めについても、古《いにしえ》よりその効果が信じられ、今日まで残っている事実は軽んずべきではないでしょう。昔からの言い伝えが後になって科学的に解明され、その効果が確認されることはよくある話です。

科学の更なる進歩によって、東洋医学のツボや経絡が認知されたように、邪気を祓う塩の効果が確認される日がいずれ来るかもしれません。

入浴とシャワー

日本人が世界でも風呂好きな民族である理由も、禊ぎの文化によるところが大きいといえましょう。入浴によってその日に被った心身の穢れを、その日のうちに祓い清めてしまうのです。そうすることによって綺麗さっぱりと、翌朝には真っ新《さら》な気持ちで生まれ変わるためです。

入浴よりももっと手軽にできる祓い清めがシャワーを浴びることです。この時に大切なことは「穢れを祓いたい」という気持ちです。

たとえば海で行う禊ぎや滝行も、そこに「穢れを祓うため」という意識がなければ、ただの海水浴や行水に終わってしまいます。

また、シャワーには霊的な作用だけではない、科学的な効果もあります。それはマイナス・イオンです。マイナス・イオンが心身に良い影響を与えることは良く知られていますが、街中で噴水の次にマイナス・イオンが大量に発生しているのが、シャワーなのです。

塩祓いと盛り塩

塩には霊的に邪気を祓う力があるといわれています。邪気を消滅させるというよりも、吸着する働きがあるともいわれています。ちょうど水を撒くと空気中の埃《ほこり》やちりが水に付着して落ちるように、塩を撒く「塩祓い」によって、邪気が塩に吸着してその場に落ちるイメージです。

「盛り塩」にも炭の脱臭効果と同じように、あたりの邪気を吸着する力があると考えられています。

いずれにしても、心身の穢れを水によって祓い清めてしまうのと同じように、塩祓いや盛り塩の儀式は、気分一新、生まれ変わりの「きっかけ」を与える精神的ツールとなります。

塩入浴（ソルトバス）

全国の温泉には塩化物泉といって、一般的適応症はもちろんのこと、慢性婦人病、慢性皮膚病、やけど、切り傷に効果のある温泉場が多数あります。これらは塩の成分が、開いた汗腺から浸透することによって得られる効果です。いわゆるデトックス効果も期待されています。デトックス、すなわち現代版の祓い清めです。

ご家庭のお風呂での入浴法は、天然塩（粗塩）を一握りか二握り（大さじ3杯）、浴槽に入れて、かき混ぜます。大さじ3杯でも美肌効果などは十分に効果を感じられますし、最初はそこから始めると良いでしょう。そして、回数を重ねるうちに、その時の体調や自分に合った分量を見つけます。

特に気分一新、禊がれたい時には、心身の穢れを祓うイメージで塩入浴を行うと良いでしょう。

第2章

人生に意識改革を起こす日本の心　お正月編

なぜ年末に大掃除をするのか知っていますか？

年末に本格的な大掃除をする人は、昔ほどいなくなりました。

それは古くからあるこの習わしが何のために行われているのか、その意味がわからなくなってしまったからかもしれません。

年末だからといって、世界中の人々が大掃除をするわけではありません。

これは日本人独特の古くからの習わしです。この国の人々は年末に大掃除をすることによって、家屋敷、さらに心身を祓《はら》い清めているのです。

日本には八百万の神々といって、自然界のすべてのものに神様が宿っている、という思想が古くからあります。

だから、山の神、海の神、風の神、稲の神、雷の神、等々が存在し、その中には歳神様もいらっしゃるのです。今風にいえば、二〇一六年の神、二〇一七年の神、といったところでしょうか。つまり、年が改まると新しい年の神様をお迎えするわけです。

歳神様は「お正月さん」ともいいます。

だから、私たちは「新年を迎える」「お正月を迎える」などと表現します。

現代人にとって、歳神様といってもあまりピンとこないかもしれません。年が改まると新しい年のエネルギーに変わるといった表現の方が、馴染みやすいかもしれません。

濁《にご》ったコップの水に、いくら後からきれいな美味しい水を注いでも、コップの水は濁ったままです。それと同じで、新しい歳神様の有り難いパワーをいただくのに、家屋敷が汚れて穢《きたな》いままだと、せっかくの神気も消えてなくなってしまいます。

そこで神様の有り難いパワーをいただくために、大掃除をして家屋敷、さらに心身を共に祓い清めて、新年に備えるのです。

お正月飾りの意味を知ると伝統行事もファンタジーに

お正月飾りといえば、注連縄《しめなわ》、門松《かどまつ》、鏡餅《かがみもち》です。年末になるとスーパーやホームセンターでは、掃除用具と一緒に所狭しとこれらのものが売られています。

これも「昔からの習わしだから……」と、多くの人たちはただお正月気分を演出するためだけの認識で、お飾りをしているのではないでしょうか。
でも、これらのお正月飾りは、これからお話する一連のストーリーを知ると、実に魅力的で楽しいものに変わります。

●注連縄

私たちが日常で注連縄を見かけるのはもっぱら神社です。
あるいは地鎮祭などで土地を囲うように張られてあったり、ご神木といわれる大木や、磐座《いわくら》とよばれる岩に張ってあったりするところを見かけることもあるでしょう。

注連縄はそこが神域であることを示し、注連縄が巻かれたものが神聖なものであることを表します。

大相撲の横綱も土俵入りの際に腰に注連縄を巻いています。あれも横綱が「相撲の神様」であるという意味です。だから、他のスポーツのチャンピオンと違って、横綱はただ強いだけではなく、神様にふさわしい品格が求められるのです。

私たちが年末年始に家屋敷の玄関に注連縄を飾るのも、「この場所はいつ歳神様をお迎えしても良い、清浄な空間です」という証です。

だから、大掃除もしないまま、お正月気分を盛り上げるためだけに、注連縄をドアに飾るのはインチキということになります。

胸を張って玄関にお正月飾りをするためにも、是非、一年を締めくくる、祓い清めとなるような掃除をしてはいかがでしょうか。

●門松

年の瀬に家屋敷を大掃除で祓い清め、注連縄を飾り、いつ歳神様（お正月さん）をお迎えしても大丈夫という状態で、新年に備えます。

そして、年が改まり歳神という新たなエネルギーがこの地上に降りてくると、そのエネルギーは私たちの暮らす町、住む家々へと広がっていきます。

そして、いよいよ我が家へと歳神様をお迎えします。

実は神様が各家々に降りてくるための入り口、つまり、「依《よ》り代《しろ》」にあたるところがあります。それがどこにあるかご存知ですか？

クリスマス・イブに、サンタクロースがプレゼントの入った大きな袋を持って、各家庭の「煙突」から入ってくる話は、多くの日本人がよく知っているところです。

ところが自国の文化であるはずなのに、お正月さんがどこから家にやってくるのかを知っている人は、それに比べると遥かに少ないのです。

実はお正月飾りの三点セットの一つ、あの**「門松」が歳神様をお迎えする依り代となっているのです。**

といっても、門松を門の前に設置できるのは、よほどのお金持ちか会社企業でしょう。

そこで一般庶民は門松の代わりに、松の枝や若松を門柱やドアの横に掲げます。

それが歳神様をお迎えする依り代となります。

●鏡餅

そして、お迎えした歳神様のエネルギーが家中に広がり、最終的に床の間に飾った鏡餅に宿ります。また、メインの鏡餅だけではなく、小さなものを家の主立った場所に飾るのも、電気を蓄える蓄電器ならぬ、神様のエネルギーを蓄える蓄神器といったところでしょうか。そうすることで各部屋が歳神様のパワーで満たされるのです。

そして、**歳神様はお正月の間中、床の間に飾られた鏡餅に宿っていらっしゃるのです。**

だから、人々は鏡餅を仮設の神棚と見なして、そこに宿られる歳神様に毎日手を合わせ

てお参りします。

そして、お正月が終わり、神様のパワーで一杯になった鏡餅を、十一日に皆で割って食べる鏡開きをし、一年の無病息災を願うという次第です（武士の時代は「切る」という言葉は縁起が悪いので、それ以来「割る」と表現しました）。

だから、**鏡餅だけを買ってきて、門松を用意しなければ、歳神様を自宅に招き入れることはできないし、注連縄だけ玄関に飾って大掃除をしなければ、神様の有り難いパワーはいただけないことになります。**

今年の年末は、是非この一連の流れを思い出して、お正月飾りの三点セットを用意して、備えてみてください。きっと今までになく、年末年始のイベントを楽しめると思います。

●左義長

門松を飾る「松の内」（七日また十五日まで）を過ぎると、お正月気分の締めくくりとして、左義長《さぎちょう》（どんど焼き）の儀式を行います。これは一月十五日に、お正月飾りや書き初めを燃やす行事です。

そして、この時に燃やした炎の煙に乗って、歳神様はいよいよお帰りになるという次第です。

❖❖❖❖❖❖❖❖❖❖❖❖❖❖❖❖❖❖❖❖❖

いかがでしょうか。こうして聞くだけでも何だかワクワクしてきませんか？
年末年始にはこのような一連の神様の物語が、私たちの国にはあるのです。
特に想像力豊かな子供たちにとっては、きっとそれはそれは魅力的なファンタジーになることでしょう。ですから、大人の皆様には是非とも子供たちにとっての、良きストーリー・テラーになっていただきたいのです。

地方によっては解釈や意味、時期などの細かい点で、多少の違いはありますが、大まかな流れは同じです。また、注連縄、門松、鏡餅の種類やそれにまつわる話は、さらに奥深いものがあります。これを機会に、先人たちがどのような願いを込めて、お正月を迎えていたのか、温《たず》ねてみてはいかがでしょうか。

門松は歳神様をお迎えするための依り代。松の枝などでもＯＫ

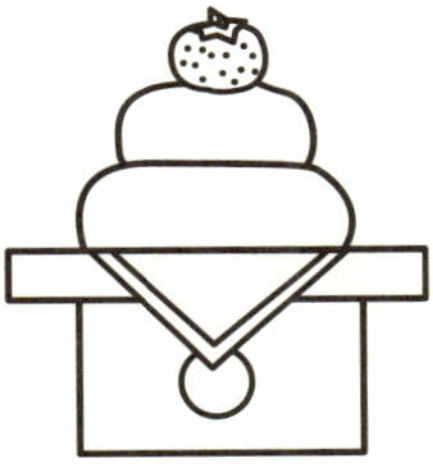

鏡餅は歳神様のための仮設の神棚。お正月の間中宿っています

注連縄を張るのはお家の大掃除をして清浄な空間になってから

お正月の締めくくりに行う左義長の煙に乗って神様はお帰りに

心のこもったリアルなお参りのために

お正月といえば「初詣」です。
初詣とはもちろん読んで字の如く、年が明けて最初に神社へお参りすることです。
ところであなたは初詣で神様に何をお祈りしていますか？

願い事？
今年の抱負？
それとも日々の感謝？

手を合わせてはいるけれども、実際には祈っているような、祈っていないような、そんな中途半端な祈りになっている人は多いのではないでしょうか。
つまり、本当に「神」という存在を信じて祈っているのか、それとも習わしだからと、形式的な感覚で手を合わせているだけなのか、ということです。

もし「実在する神」と本気で信じて参っているのだとしたら、お参りの仕方や姿勢に

それが自然と表れます。

それを実在する、うんと目上の人との対面に置き換えて考えてみたいと思います。

たとえば今度の週末に恩師に会いに行く、あるいは付き合っている恋人の両親に、結婚の意思を伝えに行くとしましょう。

そういう改まった挨拶の場面で、自分だったらどう振る舞うだろうかと、想像してみてください。

おそらく会う何日も前から、準備をするのではないでしょうか？

どんな服装で訪問しようか。手みやげは何を用意しようか。どんな挨拶をしようか。

そして、失礼のない服装や身だしなみを心がけ、手みやげはまさかコンビニ袋に入れて持って行くようなことは避け、交わす言葉も念入りに考えるのではないでしょうか？

きっとそうやって自分の真心を誠心誠意、威儀を正して相手に伝えようとするはずです。

それと同じで、**実在の神に参るという真心が、本当にそこにあるかどうかも、お参り**

をする時の身なりや姿勢、お賽銭の出し方に、自ずと表れるものです。

参拝の作法は何も難しく考えることはありません。うんと目上の人を訪問するつもりで、現実的に考えれば簡単にわかることです。

それを疎かにしているということは、形の上ではお参りし、神に手を合わせて祈っているつもりでも、心のうちでは「実在の神など信じていない」ということの表れになってしまっているのです。

そうなると、実際のところは信じていない神に、自分はいったい何を祈っているのだろうという、矛盾が生じてしまいます。これこそが形骸化してしまった日本の精神文化です。

●服装

「服装の乱れは心の乱れ」とはよく言われることですが、心改まった自分の真心は自然と服装にも表れます。

うんと目上の人への改まった挨拶に、カジュアルウエアにスニーカー、ましてやジャージ姿で訪問することはしないはずです。たとえば結婚式や葬式の場でそのような服装は誰もしません。

実在する神に自分の真心を示すなら、やはりそれにふさわしい出で立ちがあります。

実際、正装で初詣に参る姿はよく見かける光景です。

もちろん臨機応変で良いのです。観光の途中で立ち寄るのであれば、難しいことはいいません。しかし、ここは意識改革のための改まった挨拶です。自分のモチベーションを上げるためにも、それくらいのことをしても良いでしょう。

●賽銭

拝殿の前で慌ててお賽銭用のお金を財布から取り出す姿をよく見かけます。

その時に財布がかさばるからと、細かい小銭をこの際すっきりさせよう、という気持ちで取り出している人もいるようです。

もし本当に実在する神への捧げ物として用意するのであれば、これは神様に対してたいへん失礼なことです。

貨幣経済に入る前までは、人々はお金の代わりに、自分たちが心血を注いで育てた作

物を、神様への捧げ物として差し出していました。

そうやって自分の真心を伝えようとしていたのです。そのことを思うと、財布から無造作に取り出した小銭では、あまりにも軽すぎます。小銭がいけないと言っているのではありません。バランスが大切だと言っているのです。

自分の経済力にあわせてバランス良く、真心が伝わるものを実在の神に示します。

●祈り

神様に祈るのは神様に依存するためではありません。

ところが棚からぼた餅的な発想で、あまり労することなく叶いますようにと、自力を怠るような願い方をする人がいます。あるいはここぞとばかりに、願い事を言い連ねる人がいます。

一番の祈りは「感謝」です。

これが神社参拝の極意です。

なぜ極意かというと、それを今どきのプラス思考の視点で考えてみましょう。

感謝よりも先に願い事ばかりが先に出るということは、見方によっては現状に不満が一杯あることになります。

何事もマイナスに捉える人ほど、感謝よりも「何とかして欲しい」という、現状に対する不平不満が先立ちます。

一方、参拝にあたり、先に感謝の気持ちが自然と湧く人ほど、常日頃から物事に対して前向きに、ポジティブに捉えるプラス思考の持ち主だということです。

そのようなプラス思考の持ち主であれば、神に頼らずとも自力でその人は人生をどんどん開運させていくことでしょう。

だから、**神前ではまず先に感謝の気持ちが自然と湧くように、プラス思考の心持ちを常日頃から養うことです。**これも神社参拝の心構えの一つといえましょう。

先人たちの幸福実現法を現代にリメイク

さて、本書の目的は日本の文化風習をただ紹介することではありません。

現代に生きる私たちが、この厳しい社会を逞《たくま》しく生き抜き、それぞれの目標を達成して、心からの幸せを手に入れるためにあります。

そして、それは棚からぼた餅のように、幸せが向こうからやってくるのを待つのではありません。あるいは御利益をただ期待して、神頼みをするのでもありません。

日々を幸せに生きられるような自分に、どうやって育て上げていくか。
幸運を引き寄せられるような自分に、どうやって意識改革させていくか。

それをお正月とお盆という、物心ついた頃から毎年行っている行事を上手に活用して行います。

先人からのただの風習に終わらせるのではなく、この二大イベントを自分を変えていくための、またとない意識改革の機会と捉えて、その意義と方法をお伝えする指南書です。

人は誰もが幸せに生きたいと願っています。そのための方法、そのための気持ちの持ち方は、今も世界のどこかで新たに発表されていることでしょう。

しかし、科学の発達と共にどんどん進化していく電化製品と違い、人の心は何百年、何千年経とうが、本質的にはそう変わりません。

美しい朝日を見れば、人は誰もが感動し、愛する人との別れはいつの時代も悲しいものです。

私たちの心を育て上げていくための方法も、幸せを引き寄せるための方法も、時代がどれだけ変わろうとも、本質的にはそう変わりはありません。

一見、新しそうに見えても、根底の部分は意外と昔ながらのシンプルなものだったりします。


初詣やお盆についてもそれはいえます。現代人の感覚に置き換えてこの二大行事を捉えれば、それは今の私たちにも十分に通用するものです。むしろこれほど合理的な自己改革法はないくらいです。

どうせ毎年迎えるなら、それを単なる形式的な風習に終わらせてしまうのではなく、その真価を最大限に活かして、私たちの人生を一年一年、悔いなく最高に充実させるためのものにしようではありませんか。

次章ではいよいよ初詣について、意識改革を起こすための手段として、まずはその一連の流れからご紹介したいと思います。

第2章のポイント

◆お正月飾りの三点セット

年末になると百貨店、スーパー、ホームセンターから百円ショップに至るまで、ありとあらゆるお店で、注連縄、門松、鏡餅というお正月三点セットは売られています。こんなにも目にする光景なのに、お正月を迎える一連のストーリーを知らないことは、あまりにももったいなく、日本人として不幸と言っても過言ではありません。

お正月さんという歳神を迎えるこの行事は、私たち日本人の自然崇拝としての精神性を象徴するものです。高等宗教と呼ばれるキリスト教や仏教などの世界宗教に対して、自然崇拝はもっぱら土着宗教のものという、まるで下等なイメージが持たされてきました。しかし、自然崇拝こそが時代や民族によらず、私たちの地球を大切にする普遍的な価値といえます。現代の世界においては特に尊ばれるべきものです。このお正月三点セットは私たち日本人が、古来よりそのような誇るべき思想を持った民族である証です。

◆初詣は年長者への挨拶

たとえばとてつもない雷鳴と共に、間近に雷が落ちたとしましょう。私たちはきっと理屈抜きで頭を抱え、地にひれ伏すのではないでしょうか。あるいは懇願するように、本能的に手を合わせて、命乞いをするように拝むかもしれません。

私たちが目上の人に対してとる態度、実は自然の圧倒的な脅威に接した時の、振る舞い方がその根底にあるといえます。このような自然との接し方を通して、私たちは人間同士の上下関係のマナーも学んでいるのです。

「自然崇拝」とは単に自然を崇拝することではありません。自然から学び、自然から気づきを得ること。さらに私たち人間と自然との関わりを通して、人と人との関わり方も学ぶことです。これが神ながらの道です。

八百万の神々との接し方について判らなくなってしまったなら、人間同士の礼儀作法から辿っていけば、元はそのような神々との接し方から派生した人間同士のマナーなのですから、自ずと神に対する向かい方も見えてきます。

初詣は年長者へ挨拶をするつもりで行えば、神社参拝のマナーは自ずとわかるということです。

◆神社参拝の極意は感謝

神社の神域は本来が不浄や穢れを持ち込んではならない空間です。ということはマイナス思考も持ち込んではならず、ポジティブなプラス思考だけを良しとする場所です。

「感謝」とはプラス思考の表れです。ですから、感謝の気持ちで一杯の心持ちで、神社に足を踏み入れることが理想です。そして、常にそのような意識を保てたなら、私たちはすでに幸運を次々と引き寄せられる考え方の持ち主になっているということです。

すなわち**太陽のような明るい気持ちで参拝することが、開運する神社参拝の極意です。**

第3章

初詣に秘められた意識改革のチャンス！

日本人は元々が意識改革を得意とする民族

日本人には古くから「禊《みそ》ぎ」という思想があります。

これはすべてを「水に流す」という言葉でも表現されるように、今までの流れを変えて新しく生まれ変わることです。

「心機一転、新しく生まれ変わりたい！」という気持ちは、人生を歩んでいれば誰もが、一度は願うことでしょう。


実はこの「生まれ変わり」を積極的に起こすのが、禊ぎの真骨頂です。

それについては第6章で詳しくお話しすることとして、ここでは日本人は元々が心機一転して、新しく生まれ変わることを得意とする、意識改革の民族だということを知っていただきたいのです。

たとえば欧米列強から開国を強いられた時の明治維新、そして、敗戦後の奇跡の復興は、その最たるものです。日本人は国家的な災難さえ、このような生まれ変わりのきっかけにしてしまえるのです。

生まれ変わりを起こすためには、きっかけが必要です。

結局のところ、私たちはきっかけが欲しいのです。

そして、私たち日本人にとって、その大きなきっかけが「新年」です。

「新年にあやかり、新たな気持ちで生まれ変わりたい」というのが、古来より受け継いできた日本人の心です。

そうやって日本人は毎年訪れる新年を、生まれ変わりのきっかけとしてきました。

そして、そのような人々の気持ちのモチベーションを上げるために、毎年行われてきたのが、年末から年始にかけての一連の行事です。

欧米人にとって一年で最も大切な行事といえば、イエス＝キリストの生誕を祝うクリスマスでしょう。

今日、日本でも若者達を中心にクリスマスがいつの間にか特別な日になった感があります。ただし、それは西洋の人々にとってのクリスマスとはやや趣が異なります。

イエスの生誕を祝い、イエスが説いた愛を再認識する日、というようなものではないからです。もしそうであれば、それも意識改革の大きなきっかけとなりましょうが、実際には「誰とその日を過ごすか」という、男女の恋愛成就のバロメーターの日でしかありません。

元来、意識改革の民族である日本人にとってはクリスマスではなく、お正月とお盆が最も大切な行事でした。しかし、今となってはこれらの行事についても、その本質的な意義が日本人から次第に薄れてしまい、形式的な上辺だけが受け継がれるようになってしまいました。

そこで私たちがこれまで毎年迎えているお正月やお盆の、本質的な部分を今一度見直したいと思います。そして、この二つの行事に実は劇的な意識改革と人生好転のチャンスが秘められていることを知っていただきたいのです。

それを知れば現代に生きる私たちにとっても、この二つの国民的行事は全く色あせることのない、何とも魅力的な自己改革法であることがおわかりいただけるでしょう。

年末までに新年のアクション・プランを立てる

神前で神様に手を合わせて祈る時、その場で慌てて祈り事を考えている人は、けっこう多いのではないでしょうか。そして、その場の思いつきや取って付けたような、良縁祈願、家庭円満、無病息災、といった、ありきたりの願い事をしているのではないでしょうか。

もちろんそのどれもが大切なことには違いありません。しかし、これらの多くの願い事は大切な初詣にあたり、前々から周到に考えた末の祈り事ではおそらくはないでしょう。

多くの人々は日本文化の慣習としてお正月には初詣に出かけますが、それを形式的なお正月気分を味わうためのものに終わらせずに、意識改革の手段にするなら、その準備はすでに年末から始まっているのです。

来年一年をどのように過ごそうか。

どのような一年にしようか。

それを実現するためにはどうしたらよいだろうか。

師走に入ったら、あれこれと考えを巡らせながら心を整理し、新年に向けて一年のビジョンを描いていきます。

そうやって自分の未来にしっかりと意識を向けて、自分の未来に気持ちを込めるのです。

野球に「一球入魂」という言葉があります。

一球一球に気持ちを込めて投球すると、バッターから容易に打たれないというものです。

気持ちを込めるのとそうでないのとでは、何事も結果が違ってきます。

心を込めて育てれば、作物は良く育ち、生き物は長生きし、物であれば長持ちするといいます。

そのように気持ちを込めることの大切さを知っていながら、自分に対して、あるいは自分の未来に対しては、いったいどれだけ気持ちを込めているといえるでしょうか。

来年一年のアクション・プランを年末までにしっかりと立てて、それを神様に報告しにいく、それが初詣です。

仮に一年を過ぎてみて、その年が自分の考えたプラン通りにならなかったとしても、その行為自体が大切な大切な自分の未来に、気持ちを込めることになっているのです。

当然のことながら、気持ちを込めずに一年を終えるのとでは、自ずと結果が変わってきます。

新年の計画をレポートにまとめ上げることで未来の自分に心を込める

新たな一年に気持ちを込める具体的な方法として、一枚以上のレポートに新年のビジョンや行動計画をまとめます。仕事ならこれはごく当たり前のことでしょう。

仕事にかけているのと同じくらいに、それを自分の人生に対しても真剣に行います。

言葉は悪いかもしれませんが、会社の仕事はいつ辞めるかもしれないし、いずれは定年を迎えます。

しかし、人生はそうではありません。人生八十年だとしたら、会社を辞めた後にはさらに数十年の人生が私たちを待っているのです。

その時の生き方は、その時になってから考えれば良いというものではありません。今の生き方がそのまま反映されるからです。

自分と向き合うことを先送りするような生き方をしていると、そのツケは確実に未来の自分に回ってきます。

私たちは死ぬまで自分の人生については、責任を持って生きなければなりません。それなのに、仕事に取り組む姿勢や責任感に比べて、生きることや自分の人生についてはなおざりになってしまっている人が多いようにみえます。

「新年」という人生の新たな始まりを、準備もせずに突入するのは、会社でプランも持たずに行き当たりばったりで、プロジェクトに突入するようなものです。人生はプランを練らなくても、会社のように倒産することはないかもしれません。

しかし、私たちが過ごす一年一年はまるで宝物のように、人生でかけがえのない最初で最後の一年です。

「初詣」は年末までにしっかりと気持ちを込めて、まとめ上げた自分のプランやビジョンを、新年の挨拶と共に、神様へ報告しに参るためにあります。


そして、この行為が「一年の計は元旦にあり」となります。

それはピストルから撃ち出された弾に似ています。ピストルの弾は手元がほんのわずかずれただけでも、全く違う方向へ飛んでいきます。

それと同じで年末年始に何を思い、何を意識するかで、十二か月後の年の終わりには、自分は全く違う位置に立っている可能性が高いということです。


しっかりと新年を見据えて年末年始を過ごすことは、このように新たな人生の貴重な始まりに、大きな影響を与えることになります。そう捉えてピストルの照準を合わせるように、しっかりと気持ちを込めて、一年をスタートさせるのです。

＜アクション・プランの作成にあたって＞

「人は皆、神の子」といいます。そして、「子はやがて親になる」という自然の摂理にしたがえば、私たち人間も親である神になるということです。

それでは「神」とはどのような存在でしょうか？ いわゆる根源神、すなわち究極の存在としての神は、いかなる存在かということです。

すると特定の宗教や民族に拠らず、宗教団体の発生する前の、遠い人類の先祖の頃より人々が感じ取ってきた、大いなる存在としての神には、突き詰めれば二つの性質があることが伺えます。

一つに、天地創造の神といわれるように、この宇宙を造り給もうた「創造の主」であるということ。

もう一つは、自ら創造したこの万物を、親のような愛情をもって愛でていらっしゃる、「愛なる存在」であるということです。

ということは、**私たちが神に近づくとは、この二つの性質を少しでも身につけていく**

ことです。すなわち「創造力」と「愛」をこの人生を通じて、いかに育んでいくかということなのです。

ここでいう「創造力」とはクリエイティブな職業に就いた者たちや、才能に恵まれた人々だけに授けられた能力のことをいっているのではありません。私たちが自分自身を創造する、この人生を創造する。いいかえれば、自分を育て上げていくこと、人生をより良いものに築き上げていくことによって養われていく、神の子としての「創造力」のことです。ですから、このアクション・プランを作成し実行することは、その大きな助けの一つとなります。

また、他者を愛するためには、まず自分を愛さねばなりません。このアクション・プランを作成することは、自分に気持ちを込めること、自分を愛する姿勢を実践することにもなるのです。

つまり、このアクション・プランを作成することは、より良く生きるための、人間としての本質的なテーマを、想像以上に含んでいるということです。

新年の計画レポート

①２０△□年のアクションプラン　<記入例>

今年のテーマ
（漢字一文字）※1

喜

テーマの意味するところ

今まで喜ぶこと、人生を楽しむことが下手だった。この一年は何が起ころうとも、プラス思考で前向きに捉えて、全ての出来事を喜びとする。

具体的な目標とビジョン ※2

書き上げた原稿を商業出版して、ベストセラーを目指す。
これまで名古屋と大阪で行ってきたセミナーを、東京でも積極的に行い、上京の機会を増やす。一つ一つの出来事をワクワクと喜び味わえるようにする。

1月～3月 ※3

この時期に出版社が確定。編集校正作業を行う。出版と同時に書店への営業活動の準備。出版記念イベントを計画。とにかく本の出版に全力を注ぐ！

4月～6月

スポーツジムへ通い、運動不足を解消。体重を3キロ減らし、筋力をつける。肉体改造の喜びを味わう。出版が叶っていたら、全国で講演ツアー開催。それにあわせ、ダイエットも成功したところで、背広を新調。

7月～9月

次回作の執筆に取りかかる。早朝が執筆タイム。ディズニーリゾートへ家族旅行。子供と夏休みに早朝キャッチボール。YouTubeにアップするための動画を撮影。実家の両親と久々に大分の墓参り。

10月～12月

収穫の秋。この一年の集大成として、100人規模のセミナーを開催。次回作の原稿を出版社へ売り込む。念願だった「第九を歌う会」に今年こそ参加する。

絵馬に記入する決意 ※4

この一年、何が起ころうとも、プラス思考で前向きに捉えて、全ての出来事を喜びとします。3キロ減量。本の出版3冊。

※1
どうしてこの漢字一文字に至ったのか、その理由から書き始めます。そして、どのような気持ちでこの一年を過ごすつもりでいるのか、それを明確に書き記します。

※2
「思考は現実化する」という、有名な言葉があります。一年を通しての目標やビジョンをはっきりと思い描きます。それが大切な新年に気持ちを込めることになります。すると願いが叶いやすくなるだけでなく、結果はどうであれ、それに比例して実り多き一年となります。

※3
3ヶ月ごとの目標やビジョンを書きます。

そのために自分の心、健康、家庭、仕事、趣味、ライフワーク、等々。人生を構成する、自分にとって大切なテーマをまず書き出します。

その後にそれぞれのテーマについて、今年一年の目標やビジョンについて考え、それを具体的に書き出します。

これらのことについて深く考え、明確にすることが、自分自身と自分の未来に気持ちを込めることになり、自分を愛する第一歩となります。


物事を創造する際には、最初にイメージを描き、計画を立てるものです。芸術作品であっても、洋服や、建物であっても同じです。あらゆるものがそのような過程を経て、創造されていきます。


したがって「創造力」とは単にクリエティブナなセンスだけを指すのではありません。

企画力、想像力、計画力、技術力、実行力、それら全ての「総合力」といっても良いでしょう。このアクション・プランの作成はそのための大切な始めの一歩です。

目標やビジョン通りに、ことが進んだかどうか、願いが叶ったかどうかよりも、さらに大切なことは、このことを通して「創造力を養えたかどうか」です。そう考えたなら、結果は二の次であって、結果自体に一喜一憂する必要はありません。

※4
絵馬に記入する内容の下書きです。神以外、誰に見せるものではなく、自分に対する決意表明です。アクション・プランの締めにあたる部分です。

②除夜の鐘と共に旧年中の出来事を水に流して赦し、受け入れ、認めるべき出来事を書き出す。※5

「いつまでも元気でいて欲しい」という子の願いから、老いていく両親の姿を直視せず、それを受けとめていなかった。そのため昨年は両親のケアを怠ってしまった。特に母の毎回の同じ話には少々うんざりして、邪険にしてしまった。過ぎてしまったことは仕方ない。今年はなるべく両親のもとを訪ね、心身の衰えた両親の生活を、積極的にサポートするように心がけようと思う。

それから子供たちと一緒に遊べるのも今のうち、昨年は仕事を理由に子供たちとの貴重な一年を何もしないまま、終わってしまった。それを反省してなるべく子供たちとの時間を、今だけのたった一度きりのものだとよくよく認識して、大切に過ごすことにしよう。

③新年の挨拶にあたり、氏神（先祖）へのメッセージを、手紙を出すようなつもりで書き出してみる。※6

お祖父様、お祖母様、ご先祖様。

新年、明けましておめでとうございます。

昨年は精神的にいろいろと大変なことがありました。今年もいろいろとあるかもしれませんが、年末に「喜」という字が思い浮かびましたので、今年は何があっても、喜びにつながるように、持っていきたいと思います。そして、皆様からいただいたこの命を、幸せ一杯の一年で過ごせるようにしたいと思います。どうぞお守りお導き下さい。

宮本辰彦

④社会人として自分は世の中のために過去一年、何をしてきたのか？そして今、何をしているのか？さらにこれから何をするのか？何ができるのか？を書き出す。※7

日々の生活に追われて、昨年は仕事や家族以外の事では、特に何もしないで終わってしまった。それを踏まえて最近はコンビニで買い物をしたときに、釣り銭の一円玉、五円玉をレジ横の募金箱に入れるようにした。些細なことだが、震災の時に限らず、日頃から出来ることを出来る範囲でしょう。

先日は人生初の献血にチャレンジした。血が不足しているらしいので、自分だけでなく、積極的にまわりに声がけをして、誘ってみようと思う。とりあえずツイッターやFacebookで、実況中継して呼びかけるのもアイデアかもしれない。

※５
今年一年の反省を書き出します。その作業を通して、この一年をしっかりと振り返ります。良かったこと、楽しかったこと、辛かったこと、悲しかったこと、腹の立ったこと、嫌だったこと。その上で過ぎてしまったことについて、事実は事実として受けとめて、とらわれずに水に流してしまいます。具体的には②について書いた紙を、水に流すのではなく、最終的に燃やしてしまいます。そうやって自分の心にケジメをつけるのです。

※６
神主が神社で奏上する祝詞は、神様への手紙です。それを神主任せにせずに、まず自分自身が神様へ、新年の挨拶の手紙を書きます。特に先祖は親しい存在ですから、レポートというよりも、親しみを込めて書くことが良いでしょう。そうすることで一層、先祖との精神的な絆は深まります。読み手を想定した先祖への手紙は、より感情がこもりやすくなります。自分自身の気持ちや感情をより理解する助けとなるはずです。
②が過去に対する自分の心のケジメだとしたら、③は未来に対する自分の決意となります。

※７
社会のために、自分はこれまで何をしてきたのか？　何をしているのか？　何をするのか？

どの程度の社会貢献の意識を持って、現在の仕事、プライベートな人生を送っているのか確認します。近視眼的な日々の意識から、大局的な公の意識に立って、自分の行いを振り返り、何ができるか考えます。

それが自分の器を広げ、大きくしてくれるのです。

除夜の鐘と共に煩悩を祓い、旧年中の出来事をすべて許す

毎年、お寺では大晦日に、一〇八あるといわれる煩悩を一つ一つ祓うために、除夜の鐘がつかれます。そして、除夜の鐘をつき、あるいは聞きながら、旧年中の出来事をすべて水に流して許すのです。

過去を引きずったままでは、未来に向けて新たな気持ちで生まれ変わることはできません。詳しくは第6章でお伝えしますが、ここではこの「許す」という言葉について、少し説明したいと思います。

「許す」という言葉の中には「赦す、受け入れる、認める」という、三つの意味が含まれています。

最初の「赦す」とは、**本来なら責め裁いてもおかしくない、他者や自分が犯してしまった過ちや仕打ちを、いつまでも根に持たずに水に流すことです。**

続いて「受け入れる」についてです。

すでに起きてしまった出来事を、いつまでも受け入れ難いものと否定したり、拒否したりし続けていたのでは、人生は停止したままで、そこから抜け出せず、道は開かれません。

ですから、**思うようにならない事柄であっても、すでにそれが起こってしまったのであれば、事実は事実として受け入れること**です。

最後の「認める」とは、自分の考えだけにこだわり、その考えだけを善しとしていたのでは、意識は偏狭に片寄ってしまいます。

だから、**自分の考えと合わないものや、異なるものであっても、それもきちんと尊重して認めること**です。

一年を通して、思い通りになったことやならなかったこと、さまざまな出来事がきっとあったことでしょう。

しかし、そうしたことにこだわっていると、やがてそれは「煩悩の種」となります。

そんな種をいつまでも持っていたのでは、心機一転、新たな気持ちで新年を迎えることはできません。ですから、旧年のうちにそれらのものすべてを除夜の鐘と共に赦し、受け入れ、認めて、水に流して許してしまいます。

初日の出の太陽にあやかり自分も生まれ変わる

お正月に「初日の出」を拝もうとする人たちはたくさんいます。すべてのものに恵みを与える太陽の神に、新年の挨拶をするためです。

敬いと親しみを込めて、人々は昔から太陽のことを「お天道様《てんとうさま》」と呼んできました。この呼び名の意味は、太陽の神というだけではありません。天地を司る英語のGod、日本語の「天」の別称でもあります。

つまり、太陽は単に「太陽の神」ではなく、昔から天地を司る「宇宙の根源神」を象徴するものだったのです。

また、古今東西、人々の共通認識として、そのような究極の神とは、ただただ畏《おそ》れるべき圧倒的な存在ではなく、万物すべてのものに無償の愛を注ぐ、愛の実体であると信じられてきました。

太陽の光が遍《あまね》くすべてのものに恵みを与えるように、根源神の愛も分け隔てすることなく、人々に平等に注がれています。このように太陽とは万物すべてのものに愛を注ぐ、根源神の象徴でもあります。

だから、人々が初日の出を拝むのは、年の始まりにそのような太陽の神にご挨拶をし、神の愛を一杯いただいて、新年を迎えたい気持ちです。

そればかりではなく、太陽は生まれ変わりの象徴でもあります。

太陽は昇っては沈むという生まれ変わりを、日々繰り返しています。

だから、初日の出を拝むのは、その太陽にあやかり、自分もまた新たに生まれ変わりたいという、人々の願いです。

そして、初日の出を拝むことによって、太陽のような光り輝く夢と希望を抱き、明るく前向きな志や目標を立てるのです。また、そのような心の支えとなる、明るい気持ちを持たずに、心機一転、自発的な生まれ変わりなど、決して起こすことはできません。

年が改まったら初日の出を拝んで太陽の光、神の愛を自分に注入しましょう。そして、太陽にあやかり、自分も新たに生まれ変わるのだと堅く決心します。

この自己暗示はたいへん有効です。また、これは一年の始まりにあたって、とても意味のあるアファメーション（宣誓）となります。

最近ではセロトニン効果がよく話題にされます。夜明けの太陽の光を二〇分ほど浴びることで、非常に良い影響が心身にもたらされるというものです。

しかし、そのような科学的な根拠によらずとも、理屈抜きに「朝日」は、私たちにポジティブなイメージ、希望の光を与えてくれることは間違いありません。

だから、お正月の初日の出といわず、日常的に朝日を拝んでみてはいかがでしょうか。太陽の方角に向かい、太陽の光を全身で浴びているとイメージします。手を合わせて合掌するも良し、手を広げるも良し、その他、気功やヨガのそれぞれもポーズや所作を行っても良し。いずれにしても太陽とコミュニケートするつもりで行います。

氏神参りは先祖を思い、原点に立ち返るため

初詣ではまず氏神様に新年のご挨拶をします。

歳神の次は、今度は氏神？

ここで一つ知っておいていただきたいことがあります。

日本語の「神」という言葉。これを英語で「God」と訳しますが、正確には神＝Godではありません。

英語の「God」は天地創造の神、すなわちこの宇宙の究極の存在に限った言葉です。

しかし、**日本語の「神」は私たち人間から見て、遥か遠く及ばない存在をすべて神と呼びます。**

大きく分けると五つあります。

一つめは自然界のエネルギーです。自然災害の前では、私たち人間はなすすべもなく、それは遠く及ばないものです。それを例えば風神、雷神、あるいは火の神、水の神など

と呼んでいます。そうやって自然界のエネルギーを神として祀っている神社もあります。

二つめは故人です。亡くなった人は私たちにとっては、見ることも触ることもできない、やはり遠く及ばない存在です。だから、かつて実在した故人を神として祀っている神社もやはり数多くあります。

三つめは悪霊です。神様といえば善神のイメージがありますが、悪霊や怨霊も私たち人間から見れば、とても適いません。そのような存在も神として弔《とむら》い鎮《しず》めるために祀っている神社もあります。また、弔い鎮めた結果、悪神は本来の特性を取り戻して善神となり、今度は人々を加護する存在に変わります。

四つめがいわゆる英語のＧｏｄに相当する、この宇宙の根源神です。

ただ、もしＧｏｄに限定した日本語を探すなら、それに一番近いのは「天」という言葉でしょう。

そして、最後の五つめが先祖です。

言うまでもなく、私たちが今こうしてこの世に存在することができるのも、先祖から譲り受けたこの肉体、この命があるからです。そうでなければ、私たちの魂はこの世に生を受けることはできませんでした。

だから、そのような肉体を与えて下さった先祖を、かけがえのない神として祀り、私たちはそれを氏神と呼びます。

今では自分の住んでいる地域の神様のことを氏神といったりしますが、本来は自分の先祖を祀っているのが氏神です。かつては一族が同じ集落に住み、同じ祖先を氏神として祀っていたのです。ですから、自分の住んでいる地域の神様イコール氏神でした。

このように私たち日本人は自分たちにとって遙か遠く及ばない存在をすべて「神」と称して、時に崇め敬うために、時に弔い鎮めるために神社で祀ってきました。

さて、こうした神々のうちでも、私たちは先祖を「氏神」として尊ぶわけですが、年が改まるとまず始めに、自分の命の源である先祖に新年の挨拶をすることは、人としてごく自然な気持ちでしょう。

私たちがこの人生を大切に、真剣に生きようとすれば、自ずとそこに自分の存在理由や存在意義を求めずにはいられません。それがこの人生を歩む上で、大きなモチベーションとなるからです。また、それを曖昧にしてしまうと、私たちはこの人生をしっかりと地に足を着けて、生きていくことができません。

そこで年のはじめに、まず自分のルーツである先祖に意識を向けるため、氏神へ詣でるのです。


引越や転勤で自分の氏神が祀られている神社がわからなくなってしまった人も少なくありません。そういう方はお墓参りでもかまいません。

もしお墓が遠くてなかなか参れないのであれば、先祖に意識を向けるだけでも良いのです。

そうやって原点に立ち返ることで、生まれ変わった自分に新たな「初心」を持たせるのです。

先祖への誓いが自分に幸せをもたらす

ストレス社会といわれ、多くの人々が心から幸せだと言い切れずに、さまざまな問題を抱えながら、現代社会を生きています。

しかし、この豊かで便利な暮らしは、私たちの先祖から見れば、まるで天国のような生活です。

人身売買もなければ、奴隷のような扱いもありません。

教育も受けられ、病気になれば医者にかかることもできます。

いわゆる拷問を受けたり、残酷な刑罰もありません。

旅行も自由にでき、飛行機に乗ることも、車を買うことも可能です。

東京と大阪を当たり前のように、二時間半で新幹線が走る時代です。

でも、考えてもみてください。

誰がその線路を敷き、誰がそのトンネルを掘ってくれたのでしょう。今、私たちが踏みしめている道は、誰が切り開き、舗装してくれたのでしょう。

つまり、私たちが受けている恩恵のすべては、先祖をはじめ先人たちの労苦の上に成り立っているものばかりなのです。

しかも、それを与えてくれた彼ら自身は、その恩恵を受けずに多くはその人生を終えています。彼らは子孫のために、後の世代のためにと、我が身を犠牲にするような生き方までして、私たちに多くのものを与えてくれたのです。


そこで想像してみてください。

もしもあなたの先祖があの世からあなたを見守っていたとしましょう。

ところが子孫であるあなたが、この人生を不幸な気持ちで生きていたら、彼らはそれをどう感じるでしょうか。

きっと辛く悲しい気持ちでいるのではないでしょうか。

なぜなら子孫が不幸な思いを抱きながら生きていたら、それは自分たちの犠牲や労苦が報われていないことになるからです。

つまり、**私たちが幸せに生きるのは、自分のためであって、自分たちだけのためではないということです。彼らの思いに報いるためにも、私たちには幸せに生きる責任があるということです。**

そこで新年が改まったら、先祖に誓いを立てるのです。

「私はこの一年をきっと幸せに生きて見せます！」と。

実はこのような誓いを立てるのは、先祖のためばかりではありません。

結局は生きている自分のためなのです。

人は自分のことだと思うと「まあ、いいか」と、つい諦めてしまったり、妥協してしまったりすることがあります。

しかし、人のため、しかもそれが恩人のためだと思うと、そこに責任を感じて、無理をしてでも頑張ろうとするものです。

つまり、先祖の思いに報いようと、一所懸命に生きることは、結果的に自分のためになっているということです。

ですから、「自分は幸せになる！」という誓いを、新年と共に先祖に向けて、しっかりと立てることは、とても有効なことなのです。

鎮守参りで社会人としてのモチベーションを上げる

私たち人間は社会的な生き物です。幸せも不幸せも自分の願いも、私たちは社会との関わりの中で感じて生きています。

その社会が傾いたり、おかしくなってしまえば、それは自分の生活基盤、さらには人生そのものが崩れてしまいかねません。

だから、その社会の安定と平安を願うことは、とても正常な感覚であり、大切なことです。そこで先祖（氏神）に新年の挨拶を済ませた後、今度は地域社会を守る鎮守神へお参りします。

ここで氏神、鎮守神、産土神について少し触れたいと思います。

氏神とは元来その氏一族の祖先神のことで、産土神とは自分が生まれた土地を司る神。

鎮守神とはその土地を守護するために、主に他から勧請して祀られた神のことでした。しかし、今日ではこれらをほとんど同一視するようになりました。

教祖や教義、教典のある宗教団体と違い、神道には組織団体としての統一見解が元々ありませんでした。ですから概念や考え方が曖昧であったり、変質したりすることはそう珍しくありません。たとえば今でこそ商売繁盛の神としてもっぱら崇められている御稲荷さんも、御祭神は宇迦之御魂神《うかみたまのかみ》という稲の精霊で、元々は農耕の神でした。それが貨幣経済の発達と共に御神徳も変わっていき、今日に至りました。


さて、話を元に戻しましょう。

今、社会に対して、あるいは先々の生活に対して、多くの人たちが不安を抱きながら生きています。ところがその不安を一掃する方法があります。

それは**この社会や国から自分は「何をしてもらえるか」ではなくて、「何ができるか」という発想に切り替えることです。**


してもらうことばかりに意識が向いていると、その社会や国がぐらつき、世の中が混

沌とするほど、私たちは不安でならなくなります。

ところが「世の中や社会のために、自分に何ができるだろうか」という意識に立つと、その瞬間からその不安は軽減されていきます。

混迷極まりない幕末の志士たちが、不安に押し潰されることなく生きられたのも、してもらうことや与えられることを考えたからではありません。「世の中や国のために、自分に何ができるか」という発想を常に持っていたからです。

つまり、**「社会や他者のために自分に何ができるだろうか」という強い意識を持つことは、人生を逞しく前向きに生きるための、強力なモチベーションになるということです。**

なぜなら人は「自分が社会や他者の役に立っている」という実感を通して、自分の存在価値を確認する生き物だからです。

だから、自分が何の役にも立たない不要の存在だと思えてしまうことほど、孤独で辛いことはありません。

そこでそのような社会の一員としての自覚を再確認し、自分の役割を明確にするために、鎮守神へお参りするのです。

神社での祈願は「目標」を「志」へと高めてくれる

神社へのお参りでは「どうか叶えてください」と、神様に依存して神頼みをするのではありません。

無事に生きていることへの感謝の気持ちを、何よりも先に神様へ捧げます。

それから**自分の人生に対するビジョンをしっかりと神前にお伝えして、それを自力で達成することを決意表明します。その上で「未熟なるがゆえに力及ばぬところは、どうかお守りお導きください」と謙虚に祈るのです。**

ところで皆さんは「祈願」と「祈念」と「念願」の違いはおわかりになりますか？

どれも同じように見えますが、字が違うということは、当然意味も異なります。

ヒントは「祈」という漢字にあります。

人が人とコミュニケーションすることを私たちは「会話」といいますが、人が神とコミュニケーションすることを「祈り」といいます。したがって祈りは常に神に対するものです。つまり、「祈」という漢字は必ず神との関わりを表しています。しかし、「念願」にはそれがありませんから、良し悪しの問題ではなく、それはあくまでも本人の個人的な思いということです。

それに対して「祈願」や「祈念」は神との関わりにおいてなされるものです。
つまり、神と心を一つにして願い、神と心を一つにして念ずるということです。
そのためには神と心を一つにできるような願い事や念じ事でなければなりません。

神社参拝における神の心とは、「愛」です。
つまり、**神と心を一つにできるような、祈願や祈念とするためには、そこに穢れのない「愛」があるかどうかがポイントとなります。**

それを医学部志望の大学受験生の動機をたとえに、考えてみたいと思います。

何のために医者になりたいのか？

もし何かの志をもって、人々を助けたいという気持ちで受験合格を願うのであれば、それは祈願となりましょう。「助けたい」という神と心を一つにできる愛がそこにはあるからです。しかし、高学歴や高収入を得たいからとか、自分の功名心や欲を満たしたいという理由からであれば、そこに愛はなく祈願とはなりません。

そこで**神社でお参りする際には、自分の願いが祈願となるものであるかどうか、必ずその動機を確認してください。**

そして、それが自分の欲だけによるものであれば、同じ願い事をするにしても、その動機を正して、祈願となるように改めます。

これは私たちが人生に高い目標をもって生きるためにも、とても大切なことです。

高い目標といいましたが、そもそも「目標」と「志」の違いは何でしょうか？

「目標」は個人的なものであることもあれば、公のものである場合もあります。しかし、「志」は違います。個人的な願いや目標を志とはいいません。たとえばマイホームをいつか建てたいというのは、目標ではあっても志とは言いません。

志とは士の心です。

士といえばまず武士が思い浮かびますが、なぜ当時の人々は武士に一目置き、敬ったのでしょうか。刀を振り回して偉そうにしていたからではありません。いざとなったら、国のため、民のために我が身を省みずに振る舞ったからでしょう。つまり、世のため、人のためというのが志です。

祈願となるような「本当の祈り」を行おうとすれば、神社参拝はこのように私たちの人生の「目標」を、さらに「志」へと高める大いなるきっかけとなるのです。

御祈祷とお神楽はより厳粛に気を引き締めるため

私たちが賽銭箱の手前から神前にお祈りをするのと、正式に神主にお願いをして「御祈祷」をするのとでは何が違うのでしょうか?

神社での御祈祷は自分の祈りが、神様に確実に聞き届けられるように、神により近い立場にある神主を介して捧げられるものです。

現実の世の中でも、ことをより円滑に進めるために、ここぞという大切な面談では、信頼のおける人に仲立ちをお願いすることがあります。それと同じです。


「今日という日を意識改革のきっかけにしたい！」


普段とは違う、そんな特別な気持ちを込めて参拝するのであれば、神主に「御祈祷」をお願いすることは、あなたのモチベーションを大いに上げてくれるでしょう。

そして、その祈りをさらに厳《おごそ》かに演出して、自分の真心を示すのが「お神楽《かぐら》」です。

もちろんこれらのものは自分のためではなく、神に捧げるためのものです。しかし、実際に行ってみればわかるように、何よりも自分自身の気持ちが引き締まり、厳粛な気持ちになれることは間違いありません。


付け加えれば、ご祈祷やお神楽には、それなりの初穂料（代金）がかかります。

浅ましい人間の性《さが》ですが、お金がそれなりにかかっていると思うと、人は自ずと真剣になります。むしろその心理を逆手にとって、自分のモチベーションを上げればよいのです。

絵馬に新年の決意表明を署名する

神社参拝ではよく自分の願いを「絵馬」に書き込み、そこにその思いを託して、神に奉納します。

今風にいえば、**今年一年の自分のプランを一言にまとめて、「宣誓文」として絵馬に書き記し、神前に報告します。そうやって神様の立ち会いのもと、絵馬を決意表明の証とするのです。**

心の中で唱えたり、声に出して言うだけでなく、実際に書き記して署名することは、自分のモチベーションを大いに高めてくれます。

そうやって絵馬に書き記すことで、思い描いたビジョンを、自分の心にしっかりと刻み込むのです。

誓いと決意を忘れぬための御神札と破魔矢

本来「御神札《おふだ》」とは、神社で祀られている御祭神の分御魂《わけみたま》、つまり神社で祀られている神様の分身を、自宅の神棚に祀る依り代です。

また、破魔矢《はまや》とは邪悪な災いを打ち払うためのお守りです。

しかし、意識改革という観点から捉えれば、初詣の誓いの気持ちが薄れてしまわぬよう、忘れてしまわぬように、この日の祈念の気持ちを御神札や破魔矢として持ち帰るのです。そして、御神札を神様の依り代として神棚に納め、破魔矢を邪心を祓う武器に見立てて飾ります。

もし神棚がなければ、御神札は破魔矢と共に目につく部屋の高い位置に飾ります。

そして、**神様に願いを叶えてもらうのではなく、神様に今年一年の自分をしっかりと見届けてもらうのです。**

そうやって自分が「初詣の決意」をちゃんと全うしているかどうかを、神様に常に見守ってもらいます。

そのような気持ちをもって、真新しい御神札や破魔矢を神社でいただき、自分の決意と初心を忘れないようにします。

謙虚に自分を見直すためのお神籤

これほど襟《えり》を正し、改まった気持ちで参拝することができたなら、お神籤《みくじ》を引く時の気持ちも、きっとこれまでとは違ったものになるはずです。

いわゆるゲーム感覚で引くのではなく、そこに神様の確かなメッセージをいただくという謙虚な気持ちです。

神様とのつながりを、確かに感じることができた、真摯なお参りの後に引いたお神籤は、今の自分に妙に当てはまる言葉を、そこに見出せたりするから不思議です。

人類の長い歴史の中で、人々が占いを重んじてきたことを侮《あなど》ってはいけません。

深層心理学者ユングが東洋の易占いを真剣に研究したのも、非科学的という言葉では片付けられない、何かがあったからでしょう。

吉凶の文字だけにとらわれず、引いたお神籤を裏表、番数、そのどこかにきっと神様からのメッセージが込められているに違いないという意識で受けとめます。

そして、お神籤という神様からのメッセージをいただくことで、自分のプランやビジョンに間違いはないか、今一度、謙虚にそれを見直すきっかけとします。

一年のテーマを漢字一文字に表す書き初めの効果

年が明けて、最初に「書」や「絵」を毛筆で書く行事を「書き初め」といいます。通常は一月二日に行います。

意識改革の観点から、書き初めはたいへん重要な意味を持ちます。

伝統的な習わしにとらわれず、毛筆でなくても構いません。場合によっては実際に書かなくても構いません。今年一年の自分の抱負や願いを、漢字一文字に表してみるのです。

京都の清水寺では一年を振り返り、その年の世相を漢字一文字で表すことが、年末の恒例行事となっています。

それを過去に対してではなく未来について、世の中に対してではなく自分自身について行います。そうやって心の中で、今年一年の自分に相応しい一文字を探すのです。

思いを巡らせ、いくつかの漢字の候補を探し出した後に、最終的にそれを一つに絞ります。そして、選んだその一文字を自分自身の、新年のテーマとします。

漢字は元々がインスピレーションによって生まれた、霊的なものです。

だから、霊的作用をもたらすという観点から、この漢字探しは案外と理に適って効果的です。

選び出した一文字は、自分の心の深いところにある本心（内なる神、真我、仏性）から導き出されたメッセージです。

そして、その漢字の持つ意味にふさわしい一年とするために、日々をどのように心がけて過ごしたら良いかを、じっくりと時間をかけて考え、戦略を立てます。

今年一年の自分のプランを一言
にまとめて決意表明する絵馬

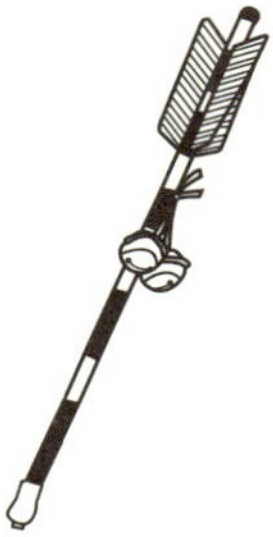

破魔矢は災いを打ち払うため
のお守りであり邪心を祓う武器

意識改革の観点からたいへん
重要な意味を持つ書き初め

お御籤からは今の自分に当ては
まる言葉を見出すことができる

ここで漢字一文字にまつわる私の体験談をお話ししたいと思います。

ある年の始めに、私は自分の心に深く問いかけた末に、新年を「喜」の年と定めました。

だから、どんなに辛いこと、悲しいことがあろうとも、それを喜びと感じられるような捉え方をしようと決心したのです。

ところがその矢先、私の心はいきなり奈落の底へと突き落とされてしまいました。

父が末期ガンと診断されたのです。

しかし、私はその一年を喜びの年と決めた以上は、何が何でもその姿勢を貫こうと自分に言い聞かせました。そして、父は手術のために入院しました。

すると今度は、前々からの念願であった本の出版が決まったのです。

第1章でお伝えしたように、人は人生の節目にいろいろなことが起こります。

私は失意と喜びが交錯する中、自分の気持ちを懸命に鼓舞して、原稿の校正作業を父の入院先の病室、実家を往復する新幹線の座席で行いました。


ところがそれからさらに思いがけないことが起こりました。

手術後の病理検査で、父の病はガンではなく、それによく似た別の病気であることが判明したのです。

余命数ヶ月を覚悟していた私にとって、それは人生最良の大きな喜びとなりました。

それから父の退院後、私はさまざまな心の葛藤を乗り越えて、父の生還と出版という二つの大きな喜びを手に入れることができたのです。

このように**じっくりと考えた末に自分が選び出した漢字一文字は、人生に迷ったり、くじけそうになったりした時に、大きな心の支えとなります。**

自分のインスピレーションより得たその漢字は、他人の言葉以上に励みとなり、ぶれかかった意識や生活を正してくれることがあります。

だから、自分の心に問いかけて選び出した漢字は、一年を通しての「座右の銘」として、事あるごとに思い出すようにしてください。

すると励みになるばかりか、実際にその一年が、その文字に合ったものになるから不思議です。

それが漢字には霊的作用があるという由縁です。

もし閃いたなら、漢字一文字でなくて、二文字、四文字の熟語でもかまいません。

どうぞお試しください。


いかがでしょうか？

私たちが先人から受け継いできた「お正月」という年末年始の伝統行事。

何ともドラマティックな演出で、私たちの心を正し、モチベーションを上げて、心機一転させてくれる、素晴らしいイベントとは思いませんか？

第3章のポイント〈意識改革を起こすための初詣の仕方〉

①新年のビジョンと計画を、年末までにしっかりと立てます。
②除夜の鐘と共に煩悩を祓い、過去一年の出来事を水に流して許します。
③日の出の太陽のエネルギーをいただき、生まれ変わりの力とします。
④氏神（先祖）に新年の挨拶をして、原点にかえり新たな初心を持ちます。
⑤鎮守参りで社会の一員としての自覚を再認識します。
⑥参拝では新たな一年の抱負と計画を神前に報告します。
⑦ご祈祷とお神楽でその決意を確かなものとします。
⑧絵馬に自分の決意を記入して署名します。
⑨お神籤を引き、謙虚な気持ちで自分の計画を再度見直し確認します。
⑩新しい御神札や破魔矢は、その日の決意を忘れないためにいただきます。
⑪書き初めで一年の抱負を漢字一文字に表します。

本章のポイントを「意識改革を起こすための初詣の仕方」として、まとめてみました。

すると改めてお気づきになることがあるかと思います。

それは私たちが幸せな人生を送るために、一つ一つがとても大切な内容であり、一連の流れにしたがって実践すれば、実に合理的に私たちの心を創り上げていくものになっているということです。

また、ここに記した内容は、絶対にこの通りにしなければいけないというものではありません。

自分にとって一番良いように、柔軟に取り入れてください。

また、この内容は初詣に限った参拝の仕方ではありません。

あなたにとって心に期するものがあれば、季節や時期に関係なく、それがあなたにとっての初詣となります。

第4章

人生に意識改革を起こす日本の心！　お盆編

年に一度、先祖と過ごす一大イベント

お正月と並ぶ日本人の国民的行事といえば「お盆」です。

ところでこのお盆の由来をご存知ですか？

古来より日本人は他の民族と同じように、神様を敬《うやま》い、先祖を崇《あが》める「敬神崇祖《けいしんすうそ》」の意識を持っていました。

そして、新年最初の満月（旧暦一月十五日）と、その半年後の満月（旧暦七月十五日）にそれぞれ祖霊を祀《まつ》る習わしがありました。


やがて最初の満月は歳神様を迎えるお正月に、半年後の満月は先祖を迎えるお盆へと、役割分担されるようになっていき、今日の内容に落ち着いていきました。

そして、夏の祖霊を祀る習わしに、盂蘭盆会《うらぼんえ》という仏教行事が結びついたのが「お盆」という呼び名の由来です。


そこでこの盂蘭盆会の謂《いわ》れについて、少しご紹介したいと思います。

釈迦の弟子、目連がある時、その神通力によって母があの世で苦しんでいると知りました。そこで釈迦に相談したところ、「僧侶たちの夏の修行が終わる七月十五日に彼らを招き、多くの供物を捧げて供養すれば、母を救うことができるであろう」と助言されました。

そこで目連がそのようにしたところ、その功徳によって母は救われたというのです。七月十五日の祖霊祀りはこの盂蘭盆会と結びつくことによって、やがて先祖を崇めるためだけではなく、あの世で成仏していない先祖を救う意味合いも含まれるようになっていきました。

八百万の神々や先祖を敬い祀る民族性は、日本人には元々ありました。

これは宗教以前の、ごく自然な気持ちとして湧き起こる、人間の本性です。そして、日本人はその本質こそを大切にしてきたのであって、その手段にはあまり重きを置いてきませんでした。まさに寛容の精神です。

だから、「結婚式は神式（神道）か教会（キリスト教）で、葬式は仏式（仏教）で」という、外国人の宗教感覚では考えられないような、一見節操のないことを、日本人は平気でやってのけてしまえるのです。

そして、その民族性は海外でもいかんなく発揮されています。

明治以降、多数の日本人が移民として南米に渡っていますが、南米のとある神社ではイエス＝キリストや聖母マリアの像に注連縄が巻かれて、神様として祀られているといいます。

さすがにこの話には、日本に住む私たちでさえ驚きますが、考えてみれば日本国内の神社にも、仏教の仏を神として祀っている神社は、いくらでもあります。

日本人の八百万の神々の発想から考えれば、異教の神も尊ぶべき神として受け入れてしまえるのは、その土地柄に合わせて逞しく生きようとする、在留邦人たちの自然な感覚といえましょう。

日本人はこのような宗教観で「お正月は神式」で、「お盆は仏式で」という具合に、古来より臨機応変にお正月を歳神様をお迎えする「敬神」の一大イベントとして、お盆をご先祖様をお迎えする「崇祖」の一大イベントとして、上手に使い分けてきたのです。

お盆は日本版ハロウィンのようなもの

いつの間にか日本でもハロウィンの季節になると、テーマパークはハロウィン一色に飾られ、ショッピング街ではハロウィン商戦が活発化し、お祭り気分で盛り上がるようになりました。

しかし、ハロウィンは元来、あの世から死者たちがやってくる西洋のイベントです。キリスト教カトリックの「オール・ハロウズ」（諸聖人の日）に、ケルト民族の収穫感謝祭が取り入れられたことに由来します。

また、西洋にはハロウィンの風習のない国々もたくさんあることを考えれば、宗教も異なる日本人がハロウィンで盛り上がる由縁は、本当は何もありません。

それなのにハロウィンがこのように日本で親しまれるようになったのは、単に商売になるなら何でもよし、楽しければ何でもありということからではないでしょう。

それが成り立ち、可能となるのも、異教の文化でも受け入れてしまえる、八百万の神々を祀る民族性のなせる業《わざ》です。

子供たちが仮装するフランケンシュタインやミイラ男、魔女や幽霊、オレンジ色のランタン。

西洋の文化に憧れ続けてきた日本人にとって、ハロウィンはとても魅力的で楽しいお祭りかもしれません。

その中でもハロウィンのイメージとして一番目を惹くのは、カボチャで作ったあのオレンジ色のランタンですが、実はこのランタンの灯りには、日本のお盆の「迎え火」や「送り火」と同じ意味があるといわれています。

そして、西洋のハロウィンでも日本のお盆と同じように、期間中に墓参りをして、故人を偲《しの》んで過ごす地域もあるといいます。

さて、ここまで西洋の文化、ハロウィンについてお話してきましたが、いよいよ今度は日本の文化、お盆についてです。実は日本のお盆もハロウィンに負けないくらいに、ロマンチックでファンタジーに満ちた、それはそれは魅力的なイベントなのです。その物語についてこれからご紹介したいと思います。

●お墓の掃除

盆月に入ると、先祖を迎える準備として、まずお墓の掃除をします。これはお墓を物理的にきれいにしているだけではありません。年末の大掃除と同じです。**自分のルーツである先祖の墓を掃除することで、自分自身の意識を祓い清めているのです。**

年末の大掃除から、すでに半年が過ぎています。穢れを祓うにはそろそろ良い頃でしょう。お墓が遠方にあってなかなか掃除ができなければ、自宅を代わりに掃除すれば良いのです。あるいはお墓の掃除をした上で、さらに自宅の掃除もすれば、その得るところは一層大きいでしょう。

●迎え火と送り火

仏教に「無明」という言葉があります。これは真理から離れて煩悩にまみれ、本来の自分を見失った状態のことです。そのような無明の状態に対して、「光」に真理と幸福を象徴します。

「迎え火」と「送り火」の灯《あか》りは、先祖たちをお迎えし、道先を案内するためのものです。

しかし、そればかりではありません。私たち自身の心に光を灯《とも》すためのものでもあります。

お盆の期間中、**世俗にまみれて穢れてしまった私たちの心を、先祖を迎える灯りによって照らして、本来あるべき状態に戻すのです。**

また、迎え火や送り火、さらに盆提灯《ちょうちん》などのさまざまな灯りは、私たちの日常の場を、非現実の空間に演出する効果があります。

普段の日常空間を「この世とあの世の交わる世界」「生者と死者が共存する場」に変えてしまうのです。

そして、**故人との別れは永遠のものではなく、肉体がなくても魂として存在し続け、生きている私たちもこの世限りの刹那《せつな》的なものではなく、意識はその後も永遠に続くものだと捉えます。**

現実にどっぷりと漬かっていると、私たちはかえって自分を見失ってしまいがちです。

こうした非現実の空間を作り出すことで、時代の価値観に縛られない、この世もあの世も超越した普遍的な物差しで、自分を見つめ直すのです。

いったい何が自分にとって本当に大切なのか？　それを先祖という、この世の物差しに縛られない存在と共に過ごすことで問い直します。

そうやって**先祖という命の源に意識を向けることで、娑婆《しゃば》という俗世界から自分の心を取り戻す**、これがお盆です。

もしあなたが現実の生活に行き詰まりを感じていたなら、この世の価値観の外に、一度意識をおいてみてください。

すると現実に縛られて閉塞《へいそく》してしまった自分の意識を、一気に解放させてあげることもできるでしょう。そうやって自分の意識を日常から離して、リセットさせるのです。

そこへ導いてくれるのが、先祖であり、光の力です。

●ナスとキュウリ

お盆ではキュウリとナスを、馬と牛に見立てて飾ります。それは先祖たちが馬に乗って少しでも早く我が家を訪問してくれるように、そしてお盆の終わりに、今度は牛に乗って、少しでもゆっくりとあの世へ帰って欲しいという、人々の願いからです。そうやって先人たちは先祖との再会を心待ちにし、別れを惜しみました。昔の人々の先祖に対する愛情が、こうした素朴なお飾りからでも、よく伝わってきます。

このように考えると、今日の私たちは先人たちと比べて、先祖に対する思いもずいぶんと希薄になってしまったように思えます。果たしてそれで良かったのでしょうか。

私たち現代人が昔と違って、「先祖」や「家」を意識する煩《わずら》わしさから解放された分だけ、幸せになれたかというと、必ずしもそうでもないように思えます。

それどころか小舟が波に呑まれながら、世の中という荒波を何の拠り所も持たず、辛うじて浮かんでいるような、そんな人生を送っている現代人が、非常に増えてしまっているように思えるのです。

同時代を生きる人々との横のつながりも、先祖という縦のつながりも、そのどちらも失い、まるで樹海に独り迷い込んでしまったような、深い孤独の中で生きている人たちが多いのではないでしょうか。

私たちがこの世に今こうして肉体を持って存在することができるのは、先祖のお陰です。でも、この世の主役はもちろん先祖ではなく、生きている私たち自身です。

だから、先祖ばかりを過剰に重んじてしまうと、この世の主役を不幸にしてしまいかねません。

しかし、だからといって先祖を敬う気持ちを忘れてしまえば、今度は自分を見失いかねません。

要はバランスの問題です。どちらかに片寄りすぎても、ストレスの原因となります。だから、それがどちらかに片寄りすぎないように気をつけることが大切なのです。

今のあなたはどうですか？　自分を見失い、ストレスを溜めてしまっているとしたら、そこにも一因があるかもしれません。

●お墓参りと護国神社

お盆は「先祖と自分とのつながり」を、特に意識する大切な四日間です。

できればお墓参りをするにこしたことはありませんが、遠方でそれが無理なら、せめて意識だけでも先祖に向けましょう。

時間もお金もなく、毎年のように帰省してお墓参りをすることがなかなか難しくても、盆飾りの灯りを見つめながら、ひととき先祖に意識を向けるくらいならできるでしょう。

あるいは全国各道府県にある「護国神社」へお参りするのも良いでしょう。

護国神社は東京の靖国神社と同様に、国に殉じた英霊を祀る神社で、靖国神社のある東京都と神奈川県を除き、各道府県にあります。また、戦没者だけでなく自衛官、警察官、消防士等の公務殉職者たちも主祭神として祀られている神社です。

私たちがこの地でこうして豊かに暮らせるのも、血のつながった先祖たちだけではなく、この国に生きた先人たちのお陰です。

そして、先人たちの「労苦の象徴」として彼らの御魂を祀っているのが、靖国神社をはじめとする、各道府県に鎮座する護国神社です。

時代の潮流に翻弄されながらも、子や孫、子孫の幸せを願い、我が身を犠牲にして逝った戦没者たちは、遠縁も含めれば私たちの先祖の中にも、きっといるはずです。

彼らの犠牲には、平和な今日の善悪基準だけでは計りきれない、当時の価値観がありました。しかし、たとえ時代が異なろうとも、あるいは価値観が変わろうとも、家族や後世の人々の幸せを願う彼らの思いは、今の私たちと何一つ変わるものではありません。そしてその思いを胸に、彼らは戦地へ赴き、散っていったのです。

日本の精神文化にしたがって、その尊い思いを祀っているお宮が、護国神社や靖国神社なのです。

先の大戦は国民すべてが戦地に駆り出されるような悲惨な戦争でした。

奇しくもお盆は終戦記念日の時期と重なります。初詣に各神社へお参りするように、お盆にはお墓参りだけでなく、地元の護国神社へお参りするのも、心のこもった先人たちへの供養となりましょう。

●盆踊りと花火大会

年に一度、先祖たちとの再会を喜び、先祖たちをあの世へと送り出すために行うのが盆踊りです。

「自分」という存在が、先祖たちの無数の命と、その支えによって成り立っていることをしっかりと受け止めて、命の喜びを表現して踊る行事です。

今では踊りだけを目的としたイベントも増えてきましたが、わざわざ夏の暑い最中に踊るのも、元々は先祖を送るためのものだったからです。

それくらいに昔の人々には真夏の暑さにもかかわらず、先祖を大切にもてなし、大切に送ろうとする気持ちが強くあったということです。

それから日本で花火大会が夏に集中しているのも、盛大な打ち上げ花火が、先祖との別れを惜しみ、先祖たちを送る、送り火の意味を持っているからです。

こうした賑やかな盆踊りや華やかな花火に象徴されるように、お盆という行事が、いかに人々にとって先祖との喜ばしい再会のイベントであったかが伺えます。

そして、そこに人々の「自分は生かされている」という謙虚な姿勢と、先祖に対する感謝の気持ちが込められているのです。

先祖を迎え、送る、送り火と迎え火は自分の心にも火を灯す

先祖の送迎用の馬にたとえたキュウリと牛にたとえたナス

先祖との別れを惜しむ送り火の意味を持っている打ち上げ花火

先祖との再会を喜び、感謝し、命の喜びを表現した盆踊り

いかがでしょうか？

このように振り返ると、先人たちから受け継いできた日本のお盆は、何ともロマンチックで、愛とファンタジーに満ちたイベントといえるのではないでしょうか。

この世に生きる者たちの再生のため

お盆の一連のセレモニーは、一つ一つが先祖のためにあると同時に、実は生きている私たち自身の「再生」のためにあります。

お正月とお盆の行事が、肉体が一番活動しづらい真冬と真夏にあるのも、農閑期に肉体をゆっくりと休ませて、その代わりに神様やご先祖様を敬う精神活動をこの期間にしっかりと行うためです。

そして、生きている自分たちが、新たな気持ちで前向きに生きられるように、半期に一度、自分たちの気持ちを定期的にリセットし、再生させているのです。

私たち日本人は昔からそうやって、心身のバランスを保ってきたのです。

東日本大震災の惨禍《さんか》は被災者だけではなく、日本国中の人々の心を絶望の淵に追いやりました。

その中でも特に家族や身内を亡くされた方々には、一生癒えぬような深い悲しみがもたらされました。そして、その喪失感は生きている彼らの人生までも、停止させてしまうほどでした。

そんな中、彼らに人生を一歩前へ再び踏み出すきっかけを与えてくれたのが、震災後に迎えた「初盆」でした。

亡くなった方々への盛大な供養は、遺された者たちの心の整理のためにも、とても重要な儀式でした。

また、震災後に日本各地で催された夏の花火大会は、人々の暗く湿りきった心を打ち祓うように、いくつもの希望の光を夜空に次々と打ち上げて、人々を勇気づけました。

この時に打ち上げられた夜空に浮かぶ、大輪の花々ほど、ただ美しいだけでなく、それ以上の精神的な何かを、人々に感じさせたものはなかったでしょう。

二〇一一年のお盆ほど、その役割を大きく果たし、人々の心の再生を促し、明日に向かって生きる力を与えてくれたものは、近年ではなかったのではないでしょうか。

一人暮らしの人や自宅に仏壇がなくて、手を合わせる対象のない人も、盆提灯かロウソク、線香を立てて、ハロウィンのカボチャのように、馬や牛に見立てたキュウリやナス、お花を、部屋の一角に気持ちを込めて飾ってみてはいかがでしょう。

そうすることで得られるものは、きっと大きいはずです。

一つはっきりいえることは、それをするだけでもきっかけになるということです。

先祖を思い、自分の存在を見つめ直すきっかけ。

日々の生活に追われて、失いかけた自分を取り戻すきっかけ。

現実にまみれた自分をリセットし、意識改革を起こすきっかけです。

大切なことは気持ちです。やれる範囲でかまいません。

それをきっかけに、自分を見つめ直すのです。

第４章のポイント

◆お墓の掃除

年末の大掃除と同じく、お墓の掃除はただ物理的に、お墓を綺麗にしているのではありません。自分のルーツである先祖の墓を掃除することで、目に見えない自分の心を祓い清めているのです。

そう心得ればお墓の掃除だけでなく、半期に一度、この機会に自宅の掃除や片付けも併せて行うのも良いでしょう。あるいはお墓参りやお墓の掃除が遠方で叶わぬのであれば、半期に一度の心の祓い清めとして、自宅の掃除や片付けをするのです。

◆お盆の幻想的な光が自分の意識に明かりを灯します

迎え火や送り火だけでなく、盆提灯やロウソクの灯りは、自分の意識を日常の現実生活から解き放ってくれます。

また、光は真理と幸福の象徴です。こうした光を目にし、それを浴びることで、心は無明から正しい方向へ正されていきます。

実際、医療現場では鬱病患者が光を浴びることで、精神疾患を改善させる光療法が有効であることも実証されています。

◆お墓参りと護国神社

お盆は先祖や先人を特に意識する大切な四日間です。「私」という存在がこの世に生を受け、今の生活を送られるのも、先祖をはじめ、多くの人々の労苦や、子孫や後人に対する、「幸せになってくれよ」という、彼らの切なる思いがあってのものです。

動物の親子を見ていると、私たちが見習うべき、子に対する親の姿があります。しかし、そんな動物たちの親子の絆もたった数年の短いものです。私たち人間のように遠い先祖の恩に感謝をしたり、遠い子孫の幸せを願ったりするようなものではありません。

つまり、**私たち人間はたとえ個ではあっても、動物のように今現在だけの個の存在ではなく、過去から未来にわたり、先祖と子孫とを貫く絆の基に生きる、時を越えた存在であるということです。**

ですから、お墓参りと護国神社へのお参りは、時を超えた存在である、人間としての証ともいえます。

第5章 お盆に秘められた意識改革のチャンス！

目先の価値観だけでは本当の自己改革は起こりません

辺境生物学者として著名な長沼毅さんが、NHKの『課外授業』という番組（二〇一〇年六月二〇日放送）で、子供たちに次のような興味深い問いかけをしました。


自分たちはなぜこの宇宙にいるのでしょうか？

この宇宙には生命なんかいなくても、人間なんかいなくても、やはり明日も太陽は東から昇り、太陽の周りを地球は回り、誰も困りません。

もし自分が太陽を生み出し、地球を生み出し、生命を生み出した、この宇宙のすべての元になる親のような存在だとしたらと想像してください。

そんな宇宙の気持ちになって、なぜ生命を生み出したのか、もし自分が宇宙だったら、果たして生命をこの宇宙に生み出すだろうか？と考えてみてください。


すると子供たちはさまざまに答えながらも、その質問に答えることを通して、生きることの意味や、これからどう人生を歩んだらよいのか、大きな指針を与えられていました。

子供たちの中にこう答える子がいました。

もし私が宇宙だったら、生命が欲しい。
宇宙に生命があれば、宇宙に笑顔があふれ出し、宇宙は明るくなるだろう。
人が沢山いると、楽しいことも沢山ある。苦しいことも沢山ある。
でも、もし人がいなければ、楽しいことも苦しいことも何もない寂しい世界。
だから、私は生命が欲しい。
宇宙には感謝する。生命が生きる場を作ってくれた。
感謝では足りないかもしれない。私はこのように生きられて嬉しい。

あるいは…

もし私が宇宙だったら、生命を造らないかもしれない。

人間は悲しみや不安を抱え、争いや戦争もある。

いっそのこと作らないで宇宙として静かに暮らせばいいのかもしれない。

しかし、実際にはこの宇宙は生命を造り、人間を造ってしまった。

この後、宇宙は人間を滅ぼしにかかるだろうか？

でも、滅びて欲しくない。何かできることはあるだろうか？

あると思う。それを探したい。


科学文明を享受している私たち現代人にとって、昔ながらの宗教心やその教えで人としての生き方や心のあり方を断定的に決めつけられても、なかなか納得できずに、それを頼りに生きていくことは難しいかもしれません。

たとえばお盆という行事も現代人にとっては、科学的でなく迷信じみて感じられるかもしれません。

そうかといって、それらのことを深く考えもせずに疎かにしてしまうと、今度は人生に対する芯がなくなり、浮き草のように迷いの中で生きてしまうことにもなりかねません。

科学的でないということは、言葉を換えればとても精神的であるということです。だから、お盆の一連の物語を科学的に根拠がないと切り捨ててしまうと、それは私たちの人間としての精神性を否定してしまうことにもなりかねません。

それでは何を根拠に、その有効性を納得すれば良いのでしょうか。その手がかりとなるのが、長沼さんと子供たちとのやりとりにあるのです。つまり、自分の心に照らして考えるということです。


どのような自分になりたいのか。

どのように自己改革したいのか。

どのように人生を歩みたいのか。


これらの問いに対する答えは、目先の事象や目先の物差しだけでは得られません。

それを明らかにするためには、**今という物差しだけでなく、あの世とこの世を貫くような、普遍性のある価値観で物事を捉えて考えることが大切です。**

そして、そのような普遍的な価値観を身につけることで、私たちはぶれることのない生き方を獲得することができるのです。

お盆の一連のセレモニーに真摯《しんし》に取り組むことは、現実に縛られてしまいがちな私たちの意識に、もっと大きな視点で人生を捉える、絶好の機会を与えてくれます。

そして、生きる上で何が本当に大切なことなのか、そのことについてじっくりと考える、大きなきっかけを与えてくれるのです。

先祖供養とはそもそも何でしょうか？

今でこそ仏教には「宗教」というイメージが強くありますが、釈迦が教えを説いた当時は宗教というよりも、今でいう最先端の自己啓発や自己改革のメソッドでした。そして、気持ちの持ち方次第で、人は誰でも幸せに生きられる自己実現法として、釈迦は説いたのです。

それが長い年月のうちにさまざま民族的な伝統や文化が加わっていき、今日のような宗教としての色合いを持つようになっていきました。

宗教という固定観念を取り外せば、仏教は私たちが幸せに生きるための黄金律を説く、時代を越えた最強の自己改革法です。

その仏教の教えにしたがえば、元々「供養」とは三宝を敬うことです。

そして、三宝とは「仏、法、僧」のことです。仏教ではこの三宝を敬うことが、幸せに至る道であると説きます。

私たちが幸せに生きるために敬うべき三宝とは、幸せについてよく知っている悟りを開いた人（仏）を敬い、その方法（法）を敬い、それを真剣に求めている人たち（僧）を敬いなさいということです。

これをスポーツにたとえればよくわかるでしょう。

大会で優勝するためには、監督、コーチ（すなわち仏）のいうことをよく聞き、与えられた練習法（すなわち法）を信じて、それを怠ることなく励み、同じ目標を持つチームメイトやライバル（すなわち僧）を大切にして尊重し合い、目標に臨みなさいということです。

そこでこの三宝を敬う気持ちの表れとして、供物を捧げるのです。

また、仏教では三宝だけではなく先祖を敬うことも、大切な供養だと説いています。先祖に供物を捧げて、先祖を慰め敬い、喜ばせることも、自分自身の幸せにつながるというのです。ではなぜ先祖を敬うことが自分の幸せにつながるというのでしょうか？


「ご先祖様に顔向けができない」という言葉があります。

では顔向けできる生き方、つまり、先祖に恥じぬ生き方とは何でしょうか？

それは人の道から外れぬ生き方をすること。そして、与えられた命、与えられた人生を、粗末に扱わない生き方をすることではないでしょうか。

それを長沼さんと子供たちのやりとりのように、自分の心に照らして考えてみればよくわかります。


もし自分が先祖の立場だったなら、今の自分の生き方や生きる姿勢はどのように映っているだろうかと想像してみるのです。

今とは比べものにならないくらいに、生きることが大変だった時代。

時に子や孫、子孫のためを思って、我が身を犠牲にするような生き方をした先祖たちもきっと大勢いたことでしょう。

そして、その先祖たちがあの世で私たちを見守っていたとします。

もしあなたがそんな先祖の立場だったらと想像してみるのです。

子孫たちが全く自分自身を大切にせず、人生を疎かにするような生き方をし、人生を不幸に歩んでいたら、先祖であるあなたはそれをどう思うでしょうか。

きっと悲しむのではないでしょうか。なぜなら、子や孫、子孫のためにと、我が身を犠牲にするような思いをしたのに、それが全く報われていないことになるからです。

このように先祖の気持ちを思いやると、自ずと自分の生きるべき道が見えてきます。

そして、人生を精一杯に生きることの大切さが自ずとわかります。

つまり、**人生がどのような状況にあろうとも思い煩うことなく、決して自分を見捨てず、諦めず、自分の幸せを信じて、行動する姿勢こそが、何よりの先祖供養になるということです。**そして、そのように一所懸命に生きる姿勢が、結果的に自分自身の幸せにつながるのです。

これこそが先祖を敬い、慰め、喜ばせる、本当の先祖供養であると、しっかり押さえておくことです。

意識改革を起こす先祖供養は四つ

今からお話しする先祖供養は、本当はお盆の時だけに意識するものではありません。常日頃から心がけるべきことです。

しかし、それがなかなかできない私たちだから、せめてお盆の四日間だけでも、それを特に意識して過ごしましょうということです。

先祖供養とは先祖を敬うことだとお伝えしました。そして、その気持ちの表れとして供物を捧げます。

しかし、ただ供え物をしたり、ただお坊さんにお経をあげてもらうだけなら、それは中身のない形式的な供養になってしまいます。

形だけそのような供養をいくらしても、それでは何の効果もありません。

それでは何をどうすることが、本当の先祖供養になるのか、そのことについて今からお話ししたいと思います。大きくわけると先祖供養には四つあります。

1. 仲良くすること
2. 歪みを直すこと
3. 幸せを誓うこと
4. 先祖を知ること

その理由を知り、実際に行ってみればわかりますが、これら四項目は先祖のためであって、実は自分自身の意識改革のためにあります。

どれもあなた自身が幸せに生きるために、欠くことのできないものということです。

人は自分のためと思うと、いい加減になってしまったり、「まあ、いいか」と諦めてしまうことがあります。

それが誰かのためと思うと、そこに責任を感じてやり通そうとします。

つまり、**私たち自身が自分の人生を精一杯に生きるため、そして、私たち自身が幸せに生きるためのきっかけ作りが、先祖供養だと思えばよいのです。**

言葉は悪いかもしれませんが、あの世も、魂も、先祖も、本当のところは、あるかないか、わかったものではありません。それこそ科学的に実証することなど難しいからです。

しかし、これからお伝えする先祖供養の内容は、生きているあなたの幸せにとっては、間違いなく欠くことのできないものであることだけは確かでしょう。

仲良くすること

もしも本当に先祖たちがあの世から、私たちを見守っているとしましょう。

その時に親子、兄弟姉妹、家族、親戚の仲が悪かったらどうでしょうか？

もしもあなたが先祖だったらと想像してみてください。きっとそれは辛く、悲しいことのはずです。

いくらお坊さんを呼び読経をあげてもらっても、子孫たちの関係が良好でなく、互いにいがみ合っていたのでは、そのような先祖供養は形だけのものでしかなく、少しも嬉しくなんかないでしょう。

このように考えたなら、いったい何が先祖を喜ばせる、本当の供養になるかが見えてきます。

お盆とは一年の内でも、家族、親戚が最も仲良く過ごすべき時なのです。

仲良くできない気持ちがあるなら、お盆の期間こそ先祖に免じて、相手を許し、相手に対する自分の意識を見つめ直すきっかけにするのです。

人から嫌われたいと思って生きている人は誰一人いません。

できることなら、皆から好かれたいと思って、人は生きています。

ところが好かれたいと本心では思っていながら、何かの悪循環から人に不快を与える言動を取ってしまうことがあります。

そのような言動をしてしまう原因が必ずあるのです。


「心の歪み」の大元の原因は愛情不足です。正しい愛情を受けていないと、心に穴が空いてしまい、その心の穴を放置しておくと、さらに歪みが生じてしまいます。

相手にも、自分にも、心の歪みがあるとすれば、変えられるのは自分の歪みだけです。

「人を変えることはできない」とはよくいわれる言葉です。

そう、家族は変えられません。変えられるとしたら、それは自分自身です。

あなたが本当に生まれ変わりたいなら、相手の言動を責め裁いてもしようのないことです。


あなたが相手に対してできることがあるとすれば、相手を変えることではなくて、相手の言動を許すことです。


そこで許すためにはまず相手をよく理解し、相手の心をよく知らなければなりません。

それは相手の今の姿だけを見ていてもわかりません。

その生い立ちに遡り、相手が味わったであろう思いを、親身になって理解しようとすることです。**親身になるとは頭ではなく、ハートで理解しようとすることです。**そこから許しは始まります。

そして、**今度は相手から受けた不快な思い、相手の心の歪みにばかり意識を向けるのではなくて、相手の言動を許せない自分自身の心の歪みを探るのです。**

仲良くできず、わだかまりやシコリを持った状態を、そのまま放置しておくのはよくありません。

特に親に対して、そのような何らかのわだかまりがあれば、それはあなたの対人関係にも悪影響を及ぼしているかもしれません。

なぜなら人は生まれて最初に人間関係を結ぶのは、特殊な事情を除き、「親」だからです。その最初の人間関係でつまずいてしまうと、いくら対人関係を克服しようとしてもなかなかうまくいきません。

ただ、**親の人柄や考え方は基本的に変わりません。親たちは私たちの何倍もの人生を、**

そうやって生きてきたからです。親たちがそのようになってしまったのも、積もり積もったそれなりの事情があったからです。

だから、もしあなたが親子問題を克服したいなら、親を変えようとするのではなく、ありのままの親を受け入れられるように、自分自身の心を成長させるしか方法はありません。

また、兄弟姉妹とうまくいっていなければ、やはりそのシコリはどこかで心の歪みとなって、家族外での対人関係にも、影響してしまいます。だから、対人関係で悩んでいる人は、家族との関係をもう一度深く見つめ直すことで、改善のヒントが得られるかもしれません。

なぜなら**あなたの前に現れた他人は、姿を変えた身内の象徴として、あなたの心に映ってしまっている場合があるからです。**

お盆はあの世の遠い先祖に思いを向けるだけではなく、生きてこの世に存在している親や兄弟姉妹、親戚に対する、自分の気持ちを反省する時でもあります。

そして、もしも彼らに対してネガティブな意識を持っていたなら、相手をねじ伏せる

ようなやり方で克服するのでなく、相手を責め裁いてしまう、自分の意識を克服するのです。

私たちが日々の生活でストレスを溜めてしまうのは、他人の言動が気になり、それが何かと許せないからです。それが解消できたら、どれほど私たちはストレスなく生きられることでしょう。

だから、許すのは本当は相手のためではありません。自分の幸せのためです。

そして、**他人の言動が許せない大元の原因は、実は身内を許せないからなのかもしれません。それが歪《ひず》みとなって対人関係にも、微妙に影響してしまっているのです。**

「隣人を愛せよ」とはイエス＝キリストの有名な言葉です。私たちにとって、一番の隣人は家族です。

家族との絆をしっかりと結ぶことは、良好な対人関係を築き、あなた自身が幸せな気持ちで生きるために、とても大切です。

一番身近で最初に人間関係を結ぶ家族を、正しく愛することができなければ、それは必ず目に見えないところで歪《ひず》みとなって、対人関係にも影響してしまいます。

だから、もしもそこに問題があるようなら、自分の意識を見つめ直して、どれだけ年月がかかっても、諦めずにいつかそれを解消しようと心がけるのです。

歪みを直すこと

魂は輪廻転生するといいます。それがもしも本当だとしたら、自分の魂はなぜこの血筋、家系の下《もと》に生まれたのでしょう。

私たちがこの世に生まれてきたのは、魂の成長のためだといいます。

それは魂というものが肉体に宿り、肉体を通してしか成長できないからです。

仮にそれが本当だとしたら、なぜ肉体に宿らなければ魂は成長できないのか、それを「時間」の感覚をたとえに説明したいと思います。

時間がどれだけ経過したか、私たちは何によってそれを感じることができると思いますか？

それはこの肉体を通してです。

「お腹が空く」「眠くなる」「疲れる」。

もし全くお腹も空かず、眠くもならず、疲れもせずに、窓も時計もない密室で過ごしたなら、私たちは時間の感覚を全く持てなくなってしまうでしょう。

つまり、この肉体を通して、私たちは時間の経過を実感することができるということです。それと同じように私たちの魂には、この肉体を通してしか感じ取ることができないもの、育むことができないものがあります。


肉体を失ったあの世でも、私たちには意識があり、思いがあるといわれています。

しかし、そこには学びや気づきを得るチャンスはありません。あくまでこの世で育んだ思いや感情の範囲の働きでしかありません。

だから、魂をそれ以上に成長させたければ、この世に再び肉体を持って生まれ、転生を繰り返さなければならないのです。

そして、私たちはその最もふさわしい場として、今の血筋や家系、環境を選んで生まれてきたといいます。仮にもしそれが本当だとしたら、そこから何がいえるでしょうか。

それは**私たちが自らの魂を成長させるために、敢えて今の血筋や家系を選び、その肉体をお借りして、この人生を歩んでいる**ということです。

本当のところはわかりません。

しかし、もしもそのような発想で受け止めることができたなら、この肉体を授けてくれた血筋や家系、先祖に対して、私たちは自然と感謝の気持ちが湧き、大きな恩を感じることもできるでしょう。

それではそのことに対する、私たちにできる恩返しとはいったい何でしょうか？

私たちには肉体と精神の両面で、それぞれに両親や先祖から受け継いだものがあります。

たとえば身体的な特徴、精神的な気質です。しかし、それだけではなく、目に見えない想念というものも、先祖より受け継いでいるといわれています。

そしてその思いは、良いものであれ、悪いものであれ、強力であればあるほど、子孫へと代々伝わっていきます。

「お顔にご先祖様の徳が表れていますよ」という言い方をしますが、それは先祖の生き方が、子孫の顔つきにまで表れているということです。

そのような良いものであれば、その恩恵に預かり、それをさらに伸ばせば良いでしょう。


しかし、受け継いでいるのは良いものばかりとは限りません。

私たちの先祖も生身の人間であった以上は、私たちと変わらず、人間的に至らないところや未熟な面も多々あったことでしょう。

するとそのうちでも宇宙の法則に照らして、宇宙の真理に反するような不浄の思いが強烈にあった場合、それもまた子孫に伝わってしまうのです。


人を責め裁いたり、恨み憎んだり、否定するような不浄の思いがそれにあたります。

強烈に抱いたそのような負の思いは、目に見えないところで子孫に伝わってしまい、それが血筋や家系の想念の歪みになってしまいます。

ところがその歪みはそのまま放置されてしまうのではありません。

この宇宙には森羅万象を貫くさまざまな法則があり、その一貫性の上でこの物質世界は成り立っています。

たとえば私たちのよく知っている「浄化作用」と「自然治癒」の力です。

これら二つの力は自然界に歪みが生じた場合に、それを正そうとする働きです。汚れたものをきれいにし、壊れたものを修復しようとする働きです。

この二つの作用は、目に見える物質的な世界や現象から、目に見えない精神的な世界や現象をも貫く働きなのです。

つまり、目に見えない血筋や家系の想念に歪みが生じた場合にも、物質世界の時と同じように、それを直そうとする力が働くということです。

そして、その歪みを直す役割を担って、私たちの魂はそれぞれの血筋や家系の下に生まれたということなのです。

私たちの魂は自らを成長させようと、輪廻転生を繰り返しています。

一方、私たちの血筋や家系には、先ほど説明したような歪みが生じてしまっています。するとと双方が互いの目的を果たすために、一番条件が合致したところで縁が結ばれ、それで私たちはこの世に生まれてきたということです。

そして、**私たちはこの与えられた境遇の中で生き、そこで魂を磨き、その魂の成長に応じて、血筋や家系の歪んでしまった想念も正されていき、その直った分が今度は子孫へと受け継がれていくという仕組みです。これが「縦の浄化」です。**それに対してもう一つ「横の浄化」というものがあります。

心理学の用語に集合的無意識という言葉があるように、人々の心は無意識のレベルでつながっているといいます。いわゆる虫の知らせやテレパシーが起こるのもそのためです。

特に血のつながった家族や、縁の深い者同士の間でそれは起こりやすいといいます。したがって本人の心に大きな変化が起こり、本人が改心し、そのことによって心の歪みが直っていくと、それが目に見えないエネルギーとなって、縁のある者たちにも影響を及ぼすということです。これが「横の浄化」です。

このようにして浄化作用と自然治癒という、私たちがよく知っている自然界の働きが、私たちの目に見えない血筋や家系の想念にも作用しているということです。

そして、**私たちの気持ちの持ち方次第、生き方次第で、縦のラインだけではなく、横のラインにおいても、血筋や家系の想念の歪みを直す仕組みになっているのです。**これが私たちにできる血筋や家系、先祖たちへの恩返しです。

つまり、**お盆はこれまでの自分の生き方や心のあり方に歪みはないか、自分を見つめ、反省する大切な四日間なのです。**

幸せを誓うこと

幸せを諦めてはいけません。諦めたら先祖たちが悲しみます。

なぜなら私たちのこの命には「幸せになって欲しい」という、先祖たちの切なる願いが込められているからです。

生き物の本能として、親は子のために生きようとします。

サケのように産卵と引き換えに、自らの命を終える生き物たちが数多くいます。

卵をふ化させるために何ヶ月も飲まず食わずで、卵を温めるペンギンのような生き物たちもいます。

しかし、私たち人間は我が子は言うに及ばず、さらに子孫や後世の人々のために生きようとする存在です。

環境問題への取り組みは、自分たち世代ではなく、五十年、百年、数百年先の人々のためを思って、考え、行動していることです。

それは私たち人間には他の生き物と違って、我が子だけではなく、子孫や後人たちとの目に見えない「絆」を感じることのできる、精神性があるからです。

私たちがおぼろげながらでも、子孫や後人たちのことを思って生きているように、先祖や先人たちも私たち子孫のことを思って、時に我が身を犠牲にするような生き方をしてくれたのです。

すなわち、**先祖や先人たちの命や生活、時に幸せと引き換えに、私たちは今ここに存**

在しているということです。

恩も義理もなく、この命が自分だけのものであれば、どう生きようがそれは自業自得という言葉で済まされるでしょう。

しかし、この命、この人生は、私たちのものであって、私たちだけのものではありません。

私たちは先祖たちに願いを込められ、幸せになることを託されて、今ここに存在しているのです。だから、私たちには幸せになる責任があるということです。

ここでいう幸せとは、不完全燃焼の中途半端なものを指しているのではありません。心からの幸せです。

人並みの表面的な生活を送る代わりに、自分の気持ちを偽るような生き方をして、それで「私は幸せだ」と自分に言い聞かせ、うそぶいている人たちが大勢います。

しかし、そんな表面的な幸せを先祖たちが、私たちに望んでいるのではありません。

現状に妥協して、自分の「心からの幸せ」を諦めるような生き方をして、そんな上辺の幸せを装ったところで、いつかそのストレスで心身は蝕まれていき、それが偽りであることがいずれわかるからです。

お盆は我が身を振り返る大切な四日間です。

自分が安易に妥協した生き方をしてしまってはいないか、それを反省する機会です。

そして、先祖からいただいた命の有り難みをしっかりと心に刻んで、改めて自分の「心からの幸せ」を誓う時です。

人は誰もが弱い心を持っています。そして、流されやすいものです。

一度は幸せを誓っても、時間が過ぎるとその思いも薄れてしまい、楽な方へと流されてしまいます。

また、つい現状に甘んじて、現状の自分を肯定する言い訳を探してしまいます。

しかし、どうせ探すならそんな言い訳ではなく、現状を打ち破り、心からの幸せを心機一転、誓い直すきっかけを探しましょう。

人生はたった一度きりです。

人生に妥協して、心からの幸せを諦めてしまう生き方と、自分の幸せを信じて、一所懸命に行動する生き方とのせめぎ合いです。

弱い心の誘惑に負けてはなりません。

この人生を心から幸せに生きること、それこそが大切な先祖供養の一つだからです。

先祖を知ること

「報恩《ほうおん》感謝」という言葉があります。先祖の恩に報《むく》い、先祖に感謝することです。

もし本当に先祖に感謝の気持ちを持っているなら、先祖のことをもっと知りたいという気持ちに自然となります。

たとえば、あなたがもし自分にとって、とても大切にしているものを、落としてしまったとしましょう。そして、それを誰かに拾ってもらいました。

それが大切なものであればあるほど、私たちは拾い主の連絡先を知りたいと思います。お礼を言いたいからです。

しかし、その拾い主が誰かわからなければ、お礼のしようもなく、それをとても残念に思うでしょう。

ここで大切なことは、知ろうとする気持ち、お礼をしたいという姿勢です。

あなたが先祖に対して、本当に感謝の気持ちを持っているなら、先祖のことを少しでも知ろうとする姿勢はとても大切なことです。

だから、お盆に親戚や家族が集う機会があれば、故人や先祖の話に花を咲かせることはとても有意義なことです。

先祖について語り合うことは、互いに先祖のことを分かち合うことになり、それが先祖についての情報交換となります。そして、それ自体が先祖供養の気持ちなのです。

また、もう一つの理由からも、先祖について知ることは、とても大切なことなのです。

それは先祖のことがわかると、自分のことがわかるからです。

私たちの魂が偶然ではなく、先述したように意味があってその血筋や家系の下に生まれたのだとしたら、自分の生き方や存在理由のヒントが、先祖を知ることで得られるかもしれないのです。

先祖から受け継いだ才能、能力、思いの中に、自分がこの世で行うべきこと、さらに使命や天職のヒントが潜んでいるかもしれないということです。

ただし、ここで間違えてはいけないことがあります。

先祖を知るということは、家柄の良し悪しに価値をおいて、そのことに一喜一憂するのでは決してありません。

人類に大きな足跡を残した二人の偉大な聖人は、いわば対極の境遇、家柄に生まれました。

釈迦は国王の息子として国民の祝福を受けて生まれ、対するイエスは大工の息子として、馬小屋でひっそりと生まれました。

それにもかかわらず、両者は大人物として、今なお世界中の人々の心を導き、影響を与え続けています。

私たちがその血筋や家系の下に生まれたのは、家柄の良し悪しとは関係なく、自らの

魂を成長させるのに一番ふさわしいからです。それ以上でもそれ以下でもありません。

そのように捉えて親戚が集った時には、積極的に情報収集してみてください。すると思わぬところから、自分探しのヒントが得られるかもしれません。

先祖を知ることは、あなたの人生に指針を与えてくれるかもしれないのです。

また、事情があって知りたくても、先祖のことを知る術《すべ》がない人もいるでしょう。

考えてみれば、今のように「何々家」というように、家系のことが言われるようになったのは、明治以降のことです。武家のような特殊な階級以外のほとんどの人々はお百姓さんでした。だから、一般庶民には明治に入るまでは「名字」というものがなく、「何々村」の誰それというアイデンティティではあっても、「何々家」の誰それではなかったのです。

つまり、地域社会の一員としての自覚はあっても、個人の何々家という感覚ではありませんでした。だから、少し遠い先祖になれば、特定の家のことなどわからないのが普通です。

したがってそういう場合はもっと広い視野に立てば良いしょう。

血筋や家系にとらわれるのではなく、**自分が「日本という国に生まれたことにも、きっと意味があるはず」という発想に立ってみることです。**そして、日本という国や、この国の先人たちに意識を向けるのです。

今、こうしてあなたが他の国の人々と比べて、たいへん豊かな生活が送られるのも、血のつながった先祖たちだけでなく、初詣の章でもお伝えした通り、この国に生きた多くの先人たちの労苦と精進のお陰です。

私たちが彼らの恩恵にあずかっていることは確かなことです。

もし自分の先祖のことについてなかなか調べようがなかったなら、日本の歴史を紐解き、先人たちの歩んできた道のりを知ることです。それならいくらでも可能です。

そして、**自分の生まれた血筋や家系のためだけではなく、日本人自体の特質を伸ばし、想念の歪みを直すために、この国に生まれてきたのだという発想を持つのです。**

人類の歴史が戦争、すなわち殺戮《さつりく》の歴史であった以上、この民族もまた「愛」という宇宙の真理に反する過ちを犯してきたことは否めない事実でしょう。

そのことによって生じてしまった想念の歪みを直し、さらに世界に誇るべきこの民族の特質を伸ばすために、私たちはこの国を選んで生まれてきたのだという発想です。

あるいはもっと現実的に考えてみてもよいでしょう。

この国や社会が傾き崩壊することは、即、自分の生活基盤が危うくなることを意味します。

だから、あなたがこの国や社会にしっかりと意識を向けることは、あなた自身の幸せのためにも、至極当然のことです。

私たちが住むこの国には解決しなければならない、たくさんの問題が数多くあります。

しかも昨日今日に始まったものではなく、中には私たちが生まれる前から尾を引いているものも少なくありません。

だから、その問題解決のためにも、この国の歴史に触れ、その成り立ちからよく知らなればなりません。

そうやって先人たちの歩みに、しっかりと思いを寄せるのです。

するとそうした中に自分を活かすヒントを見出せるかもしれません。

なぜなら私たちの能力や才能は、世の中や周りに役立つことで、初めて活かされるものだからです。

このようにして先人との絆を深め、自国に愛情を向け、祖国を大切に思う心を養うことが、ひいてはこの国や社会で生きる、あなた自身の幸せにつながっていくことになるのです。

第5章のポイントと補足説明　〈意識改革を起こすための先祖供養法〉

これからお伝えする内容はお盆の時期に限らず、本書をお読みになった後に、一度はきっと行ってください。一つ一つが先祖供養の意味を持ちながら、自分自身の意識改革を促すものだからです。

「自分を変えたい」「人生をより良く生きたい」と願い、さまざまな方法を試みてみても、それがうまくいかないのは、もっと根本的な問題があるからなのかもしれません。

小手先の意識改革をいくら行っても、それがなかなか実らないのは、今から取り組む問題をこれまで避けてきたからなのかもしれないのです。だから、各項目を一つ一つ心に落としていき、そのことに対する自分の気持ちを素直に書き出します。

書くという作業は心の整理にとても有効です。決して怠らないでください。そして、心がけて欲しいことは、仕事に取り組む際の、客観的な分析力で行うことです。お正月のアクション・プランもそうでしたが、プライベートな自分の人生についても、仕事に取り組むのと同じ姿勢で、なおざりにせず真剣に見つめるのです。

1. 仲良くすること

①親に対する自分の意識や気持ちを確認します。

大嫌いを1、大好きを5とした5段階評価で、自分の親に対する意識はいくつになりますか。そして、5にならないとしたらそれはなぜなのでしょうか? その理由を自分の心に問うて書き出してください。

②家族、兄弟姉妹に対する自分の意識や気持ちを確認します。

①と同様にそれを家族、兄弟姉妹に対しても行います。

③良好であれば、そのことに感謝し、さらに相手を思いやります。

4~5の評価であれば、好きというだけではなく、さらに感謝すべき事柄はどれだけあるだろうかと、書き出して見てください。そして、その感謝に対する恩返しとして、具体的に何ができるだろうかと考えます。

④わだかまりやシコリがある、あるいは感謝の気持ちが湧かないのであれば、その原因を探ります。

評価が1～3になってしまった人は、自分のためにもそれは決して好ましいことではありません。両親や兄弟姉妹を嫌っている状態は、人として本来あるべき姿でないことを私たち自身、心の奥底ではわかっているからです。だから、もしもそのような身内を嫌っている意識が心の内にあれば、それは本人の気づかないところで、強いストレスになってしまっています。

また、身内に対してそのようなネガティブな意識を抱いていると、私たちは心から自分自身を肯定することも、好きになることも、愛することもできません。それどころか自己否定や自己嫌悪の元となってしまい、ポジティブで前向きに生きることを阻むことになってしまうのです。

⑤親身になって相手の気持ちを理解しようと心がけます。

親兄弟が味わったであろう、孤独、寂しさ、悲しみ、悔しさ、不安、コンプレックス、劣等感、挫折、等々を深く洞察し、彼らの気持ちに寄り添い、理解しようと心がけます。

しかし、そうは言っても、自分自身にそれなりの人生経験がないと、他者に対して思いやりを持とうにも、なかなかできるものではありません。だから、昨年よりも今年、今年よりも来年、一年の経験を積んだ自分がどれだけ成長して、親兄弟に対して親身になれるか、その成果を毎年お盆が訪れる度に計るのです。

2. 歪みを直すこと

⑥両親の気質や性格をよく見つめて、良い面、悪い面をそれぞれ書き出します。

私たちに多大な影響を与えてきたのが「親」という存在です。だから、自分自身のことをもっと知りたければ、両親のことをよく研究することです。

ただし、「親」という固定観念や自分の主観を捨てて、なるべく客観的な視点で親の人間性を評価します。つまり、親という肩書きを一度外して、一人の人間、一人の男性、一人の女性として両親を捉えてみるということです。その上で良い面、悪い面を書き出します。

⑦祖父母についても、それがわかるようであれば同様に行います。

祖父母にしろ、両親にしろ、その人間性を考察する場合に、当時の時代背景を考慮に入れることも大切です。両親や祖父母の人格や価値観は、単に個人の気質や性質ではなく、時代がもたらしたものも少なくないからです。その気質は当時の人々全般に当てはまる傾向かもしれません。だから、小説家が歴史小説を執筆する際に、当時の時代背景を徹底的に調べ上げた上で、主人公の人物像を設定するように、身内に対してもそれを行ってみるのです。

作家でなくても、たとえば日本を代表する役者として知られた高倉健や三國連太郎は、自分の演ずる登場人物の人間像を作り上げていくために、その生い立ちから今に至るまでの人生を、細部に至るまで深く洞察し、最大限に想像力を働かせて、それを脚本にびっしりと書き込んでいたそうです。

それくらいに自分の大切な両親や祖父母に対しても、作家や俳優たちが行っているように、掘り下げて洞察します。

⑧そのうちで自分が受け継いだものは何かを洞察します。

肉体と精神の両面において、私たちは間違いなく、両親や祖父母、さらに先祖たちから遺伝的に受け継いだものがあります。特に精神面においては性格や気質だけではなく、人生観や思いの影響も少なからず受けているものです。だから、それを知ることによって、自分についても多々見えてくるものが出てくるはずです。彼らの人間性が自分の人格形成にも関わっているのですから、それを良く知ることが、自分に対するより深い理解につながります。

⑨良いものについてはしっかりとそれを自覚し、血筋や家系の代々の特質となるように、それを伸ばすことを心がけます。

「自尊心」という言葉はその字の如く、「自分を尊ぶ心」です。しかし、自分を尊ぶ境地に至るためには、今の自分だけを見ていたのでは、なかなか難しいものがあります。

そこで両親や祖父母、先祖たちの良い面や特質を、どんな些細なことでもかまわないので、しっかりと書き出します。それは人柄であったり、健康であったり、才覚であったり、能力であったり、精神であったり、運であったり、何でもかまいません。

多くの生き物たちが自然淘汰されて消えていき、多くの血筋や家系が絶えていく中で、自分という命が今こうして存在しているのは、自分の中にもそれだけのもの、先祖たちから代々受け継がれた特質があるからです。

そうやって「自分」という存在が、先祖たちの命の上に成り立っていること。また、そうした歴史の積み重ねと、重みの上にあることを深く知り、そのことに誇りを持つことが、「自尊心」を持つことへ自分を導いてくれます。

⑩悪いものについては、それを自分の代で直すべき歪みと心得て、自分は何を心がけ、どのような意識を持って、心の歪みに臨んだらよいか、自分なりの答えを出します。

「親に対する感謝が大切」とは、よくいわれる言葉です。しかし、問題のある親である場合には、なかなか感謝の気持ちは持てません。すると私たちは親の人間性を否定してしまい、それが変わりえさえすればと期待します。しかし、親の人格は基本的に変わりません。私たち子供の何倍もの人生を生きてきた中で、親はそのような人柄になっていったからです。だから、問題のある親に感謝の気持ちが持てるようになるためには、たとえどのような親であろうとも、そのような親に対して感謝の気持ちが持てるように、・・・・・・・・・自分自身を成長させていくしか方法はありません。

そして、「この親から生まれたからこそ、今の自分がある」という心境になれた時に、初めて親に対する感謝の気持ちも湧くようになれるのです。そのためには私たち自身が自分の人生を全うし、納得のいく人生を送ることが、とても重要になってきます。納得のいかない人生であればあるほど、感謝どころか、その原因を往々にして親のせいにしてしまうからです。

また、受け継いでしまった歪みについても、親を「反面教師」として、それがどれだけ自分に不利益を与え、周りに迷惑をかけているかを知って、改善を試みることです。そうやって親を克服することが、自分の成長を促し、受け継いでしまった心の歪みを直すことになります。

3. 幸せを誓うこと

⑪自分が本当に望んでいること、望んでいる生き方は何かを明確にします。

思い浮かぶ限りの願いをすべて書き出し、それを優先順に並べ替えてみます。この時に大切なことは、周りから自分が何を求められ、何を要求されているか、何を期待されているかという視点ではなくて、自分が何を求めているかという基準で、自分の願いを確認することです。知らず知らずに抱いている自己犠牲的な願いは、本当の自分の願いとはいえません。

そして、世の中の常識や世間体に惑わされず、見栄や虚栄心を振り払った上で、自分が本当に望んでいること、望んでいる生き方は何かを探り出します。そのためにも日頃から瞑想を行い、自分の心を観察し、自分を見つめるテクニックを養うことも大切です。

⑫それを実現するために、自分は何をしたら良いかを探ります。

たとえその実現が困難な状況であろうとも、自分の願いを叶えるための最善を尽くすことが、「幸せを誓った者」の責任です。だから、自分の願いが明確になったなら、今度はそれをどうやって実現させるのか、根気よく知恵を絞り出すことです。

そして、願いを実現化させるための具体的なプランを立て、さらにそのために心がけるべきことを書き出します。

⑬知らず知らずのうちに、心からの幸せを諦めてしまっている自分はいないかを確認し

ます。

「自分を愛する」ことの意味を、一言で言い表すと次のようになります。

たとえどのような状況にあろうとも、思い煩うことなく、決して自分を見捨てず、諦めず、信じて、行動すること。

だから、自分を見捨て、人生を諦め、幸せを信じず、行動することを止めてしまった時点で、それは自分を愛することを止めてしまったに等しいのです。

末期患者を数多く看取ってきた医師である大津秀一さんは、その著書『死ぬときに後悔すること25』でも語っています。人生の最期に後悔するのは、やってしまった過去のことよりも、やらなかった過去のことの方が、遙かに多いのです。

心が本当に求めている生き方を無視して、現状に妥協して生きていたのでは、今は無難にその場しのぎで良いように見えても、いつか必ず後悔することになります。だから、最後の最後まで自分の心からの幸せを決して諦めずに、信念を持って行動することです。

⑭自分を最大限に活かすため、自分がこの世に生きた証を示すために、どのような生き方をしたら良いかを考えます。

黒澤明監督の名作に『生きる』という現代劇があります。胃がんを患い、余命いくばくもない市役所勤めの主人公が、残された人生をどのように生きたかを描いた作品です。彼は自分の命がそう長くないことを知り、人生に絶望します。そして、悔いが残らぬよう、欲望を満たそうと遊興に耽《ふけ》りますが、そこには虚《むな》しさしか残りません。

そんなある日、彼は若い部下の生きる姿に心を強く打たれ、残された人生に光明が差します。そして、事なかれ主義の蔓延《はびこ》る市役所で、彼は一人立ち上がるのです。

住民たちがいくら切望しても、なかなか実現しなかった子供たちのための公園を、彼はさまざまな妨害を乗り越えて着工させました。そして、完成した公園のブランコに揺られながら、彼は満足して息を引き取るという物語です。

人間と動物の違いは何かと考えた時に、その一つに「受け継ぐべき精神」があるかないかだといえましょう。人間以外の生き物は繁殖しさえすれば、種の保存としての役割を果たせたことになりますが、人間はそうではありません。

受け継ぐべき精神を持ち、それを後人に伝えることができた時に、初めて人間としての種の保存を全うできたことになります。そして、誰かのため、後世のために何かをしようとして生きた姿勢や生き様こそが、何よりも子孫や後世に「受け継ぐべき精神」なのです。

私たちがこの世に生きた証を残せたと感じるのも、子孫や後世のためを思って何かを行い、何かを残すことができた時です。反対に後世のために何もせずに人生を終えた時、人は人生を後悔することになります。なぜならそれが人間として生きたか否かの証だからです。

しかし、それは具体的な形あるモノを残すこととは限りません。大切なことは気持ちです。生きる姿勢です。実際、私たちが幕末の志士たちに感動するのも、彼らが何かを成したからではなく、彼らの直向《ひたむ》きな生き方や精神によるのではないでしょうか。

4. 先祖を知ること

⑮両親の生い立ち、人生の歩み、味わった思いを尋ね、あるいは想像します。そして、なるべく当時の両親の気持ちを、親身になって想像し寄り添います。

「生きる」ことは、本当に大変なことです。仏教の開祖、釈迦も「人生とは苦である」と言い切りました。それが辛くて自らの命を絶つ人もいるほどです。

だから、たとえ平凡でいい加減な生き方に映ったとしても、そこには本人なりの、無数の「苦」があるということです。

それを気持ちの持ち方で「苦」を「快」に、「苦」を「喜」に、「苦」を「楽」に変えるのが、私たち人間の知恵です。ところがそれがうまくできる人もいれば、できずに不器用に生きている人も大勢います。

「オリンピックは参加することに意義がある」とは有名な言葉です。なぜでしょうか。それは勝敗以前に選手として選ばれるまでの、大変な努力の物語があるからです。人生もそれと全く同じです。生きること自体に大変な価値があるのです。人生の成功と失敗以前に、さまざまな「苦」を背負いながら、人は生きているからです。それ自体に本人なりの精一杯があり、物語があるのです。

好きでそういう境遇、性格、容姿で生まれてきたのではありません。そういうことまで含めれば、思い通りにならない人生は、何もかもが「苦」といえるかもしれません。

だから、勝敗に関わりなく、選手の健闘を讃えることが、スポーツ大会での観客の質を表しているように、私たちも両親の人生を讃えられる思いやりを持てるように、自らを成長させることが、この人生の大きなテーマといえましょう。

⑯可能であれば祖父母についても同様に行います。

物質的な豊かさということでいえば、間違いなく五十年、六十年前の祖父母たちの時代よりも現代に生きる私たちの方が、遙かにその恩恵を受けています。反対に祖父母たちの時代は、今の私たちの暮らしよりも遙かに貧しく、戦争も含め、生きることが大変な時代だったといえます。

もしも自分がその当時に生きていたら、何を思い、どのような気持ちでいただろうと想像してみてください。

昔の方が今よりも、全てにおいて劣悪だったわけではありません。しかし、祖父母の時代は現代に生きる私たちよりも、多くの点でハンデを負っていたことは、当時の時代背景を知れば、容易に伺い知ることができます。

そんな時代に生きた祖父母たちの気持ちに、想像力を膨らませて寄り添うのです。

⑰先祖の歴史を知り、その特質や歪みを明らかにします。

判る範囲でかまわないので家系図を作成してみます。そして、そこに先祖たちのそれぞれのプロフィールを記入します。さらに先祖たちが生きた時代がどのようなものであったか、当時の歴史を調べたり、学んだりして書き込みます。そのために当時の時代をテーマにした映画やドラマを観たり、小説を読んだりしてみるのも良いでしょう。そこに自分の先祖の人生を重ねてみるのです。

⑱直接の先祖だけでなく、日本の歴史を学ぶことで、当時の先人たちの気持ちを想像し、寄り添います。

江戸時代にまで遡れば日本人の九割近くは、家や名字を持たないお百姓さんたちでした。だから、家系を遡ろうとしても、それが可能なのはせいぜい江戸末期くらいまででしょう。

また、単純に計算しても十世代前まで遡れば一〇二四。二十世代前まで遡れば、実に五十二万四二八八もの血筋から自分は誕生したことになります。つまり、私たち現代人にとっては、一見縁のない先人たちであっても、実は皆、自分の遠い先祖といってもいいくらいなのです。だから、一つや二つの血筋や家系に過剰に拘っても仕方がありません。「先祖代々」などと拘ったところで、無数の血筋から自分という存在が成り立っていることを鑑みれば、そもそも先祖とは何か？　ということにまで話が及んでしまいます。

大切なことは自分自身が、この人生を悔いなく生きるために、先祖という考え方をどう活用するかということではないでしょうか。先祖という考え方も自分を見つめ、人生を大切に生きるための、場合によっては方便といえるものかもしれません。

いずれにしても日本の歴史を学ぶことは、そのまま自分の先祖の歴史を学ぶことと同じであることだけは確かでしょう。

また、私たちが学校で習った歴史は、ほとんどが暗記項目や社会制度についてであり、自分とは直接関係のないものばかりでした。特に戦後の歴史教育は戦前のように、人物に焦点を当てたものではないため、感情移入もできません。そんなことから歴史に興味が持てず、嫌いだった人も多かったのではないでしょうか。

しかし、先人たちの生き様には私たち現代人にとっても、たいへん参考になる生き方や教訓が記されています。心を持つ人間のすることは時代が変わっても、通ずるものがあります。歴史学者でもない限り、そうした先人達の生き様や人生に触れることこそ、歴史を知り、歴史を学ぶ価値があるというものです。

⁂

第3章でお伝えした、正月に書き出す内容はどちらかといえば、一年に限ったものでした。しかし、本章のお盆に書き出す内容は、長い人生を通して見つめるべき、心の内の問題です。ここには十八項目あり、これをレポート用紙やノートに書き出してまとめます。仕事の反省やプランを書き出したり、まとめたりするのと同じ要領で行います。

そして、お盆だけではなく、お彼岸や月命日など、先祖に意識を向けるたびに読み返したり、書き足したりしながら、正月と同様に自分を見つめるための指針とします。

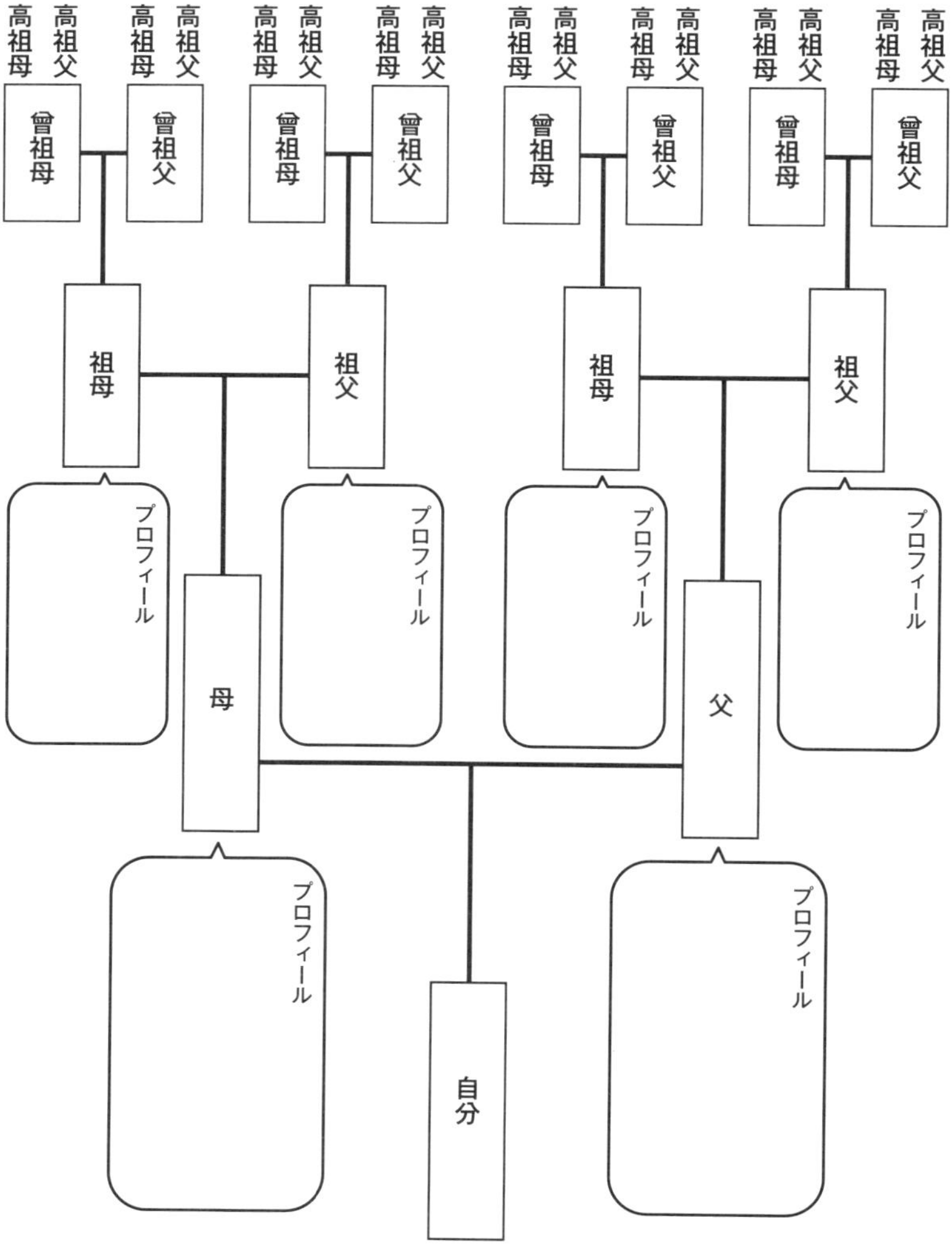
高祖母
高祖父
高祖母
高祖父
高祖母
高祖父
高祖母
高祖父
高祖母
高祖父
高祖母
高祖父
高祖母
高祖父
高祖母
高祖父
曾祖母
曾祖父
曾祖母
曾祖父
曾祖母
曾祖父
曾祖母
曾祖父
祖母
祖父
祖母
祖父
プロフィール
プロフィール
プロフィール
プロフィール
母
父
プロフィール
プロフィール
自分

第6章

禊ぎに秘められた意識改革のチャンス！

奇跡の生まれ変わりを起こす禊ぎの精神

黄金の国、ジパング。

十三世紀に世界を旅したマルコ・ポーロの『東方見聞録』で、日本はこのように紹介されました。

欧米の人々にとって見たこともない日本は、何もかもが黄金でできた憧れの国でした。

三・一一大震災の後に世界文化遺産として登録された、岩手県平泉町の中尊寺金色堂は、そのモデルの一つだといわれています。


やがて二十世紀に入り、日本は極東の現実的な国として知られるようになり、黒船が押し寄せ、欧米列強の植民地候補として狙われるようになりました。

しかし、激動する世界の潮流の中で、日本は明治維新で見事に生まれ変わり、その難を逃れました。また、第二次世界大戦では壊滅的に敗戦したにもかかわらず、今度は奇跡の復興を遂げ、経済大国として世界の表舞台に再び登場し、世界に何とも不思議な国と映りました。

世界から見ればどれだけ特異であっても、日本で生まれ育った私たちにとって、この国の歴史も文化も生活も、空気のようにごく普通のことです。戦後の復興も淡々と歴史に記された、当たり前の出来事のようにしか感じられません。

しかし、世界から見れば私たちが暮らすこの国は当たり前どころか、奇跡を起こし続ける、得体の知れない国、理解しがたい国、そして、憧れの国なのです。

欧米列強による植民地支配が世界中に吹き荒れ、アジアのほとんどの国々が植民地化される中、日本は明治維新によって、奇跡の近代化を成功させました。

アジアの国々の中でなぜ日本だけが、短期間のうちに欧米列強に対抗し得る国力を身につけることができたのでしょう。

さらに第二次世界大戦で人類史上初の原爆が二発も落とされ、東京をはじめとする主要都市が空襲によって壊滅的な被害を受けたにもかかわらず、わずか二十年足らずでアジア初のオリンピックを開催し、世界最速の新幹線を走らせ、ノーベル賞受賞者を輩出し、再び経済大国に躍り出た日本という国は、世界史の常識に照らしても、やはりあり得ないような復興を遂げているのです。

いったいなぜ日本は世界から見て、あるいは世界の歴史から見ても、このように考えられないような奇跡を起こしているのでしょうか。

第二次世界大戦後に日本を占領したアメリカは、それと同じことを敗戦後のイラクでも再現しようとしました。しかし、イラクは日本の復興とはほど遠い現状にあります。

その違いはどこにあるのでしょうか?

もちろんそんな単純なものではなく、複合的な要因がいくつも挙げられるでしょう。しかし、「すべてを水に流す」という禊ぎの精神を持つ民族性と、「目には目を、歯には歯を」というハンムラビの精神を持つ民族性の違いも、そこにあるのではないでしょうか。

過去を許して前へ進むか、過去を許さずに報復の道を選ぶかの違いです。

それではこの日本人の精神性の根幹とも言うべき、「禊ぎの精神」について今からお話したいと思います。

人生に意識改革を起こす禊ぎのルーツ

「禊ぎ」という言葉。

聞いたことはあるけれども、今ひとつ意味が曖昧という人がほとんどではないでしょうか。

辞書には「身に罪や穢れのある時に、川や海で身を清めること」と記されています。

しかし、それだけでは到底、「禊ぎになぜ奇跡を起こす力が秘められているのか」という疑問には答えてくれていません。

ましてや政治家が汚職を疑われ、選挙で再選した時の言葉として、「禊ぎは済んだ」などとコメントすると、ますます混乱してしまいます。

禊ぎという言葉のルーツは日本最古の書物『古事記』にあります。

その中に記された、日本という国土が誕生した経緯を伝える「国生み神話」の主人公、イザナギとイザナミの物語は、戦前の人なら誰もが知っている有名な話です。

この非常に仲の良い夫婦神は日本列島を造った後に、次々に日本の神々を生み出しました。ところが最後に産んだ火の神カグツチの炎によって、妻イザナミは焼死してしまいます。

最愛の妻の死を受け入れられない夫イザナギは、妻に再会するために黄泉《よみ》の国（死後の世界）へ行きます。しかし、そこにはゾンビの姿に変わり果ててしまった妻がいて、悪霊と共にイザナギに襲いかかります。

イザナギは必死の思いで黄泉の国から、こちらの世界に返ってきましたが、死後の世界で浴びた不浄のものによって、全身が穢れてしまいます。そこで川で禊ぎをしたというのが、禊ぎの起源です。

ここから、禊ぎとは黄泉の国からかえった際に行う「黄泉がえり」の行為。

すなわち、命の「蘇《よみがえ》り」を意味するようになりました。そして、蘇りとは「生まれ変わり」のことです。

つまり、**私たちが新しく「生まれ変わる」ために行う行為のことを、「禊ぎ」というのです。**

心の禊ぎが奇跡を起こします

それでは私たちが心機一転、新しく生まれ変わるためにはどうすれば良いのでしょうか。つまり、「心の禊ぎ」とは何かということです。

私たちは「過去→現在→未来」という時の流れの中で生きています。

もし「輪廻転生」というものがあるとしても、やはりそれは「前世→今生→来世」という時の流れの中で、私たちは過去から未来へと生まれ変わりを繰り返しているといわれています。

つまり、**人は未来に向かって生まれ変わることはできても、過去に遡《さかのぼ》ってやり直すことはできない**ということです。ただ、この当たり前の真実を、私たちは頭では理解しているつもりでも、心ではなかなか納得しきれない場面が多々あります。

たとえば過去を振り返った時に、嫌な気持ちになったり、未練やわだかまりが残ったりして、そのことにとらわれてしまうことがあります。その時の心の内は、できることならあの過去に遡って「もう一度やり直したい」「取り消したい」という思いが強くあるからでしょう。

もしそれが不可能であることを、心の底から納得して理解していたなら、「済んでしまったことは仕方ない」と、私たちは良い意味で開き直ったり、割り切れたりするものです。

ところがそれができない自分がいるということは、どこかでそのことに納得しきれていない思いがあるからです。

繰り返しますが、人は未来に向かって生まれ変わることはできても、過去に遡ってやり直すことはできません。

どうせ考えるなら、できないことをいつまでも思うよりも、できることを考えた方が賢明でしょう。

人は過去の出来事に対して、未練やわだかまり、シコリを持っている内は、意識は過去を向き、過去に縛られたままです。

そのような状態ではいつまで経っても未来に向かって、生まれ変わることはできません。それではどうすれば未来に向かって、人は生まれ変わることができるのでしょう。

それは**過去の出来事を全て水に流して許すことです。**

それを「心の禊ぎ」といいます。

それができた時に、初めて私たちの意識は過去の縛りから解き放たれて、未来に向かって、生まれ変わりを起こすことができるのです。

ところがこのようにいうと、「そう簡単に許せるものではないし、許したいとも思わない」あるいは「過去のことはもう忘れろというのか？」などという返答が返ってきそうです。しかし、それは「許す」という言葉を、私たちが日常で使っているイメージでしか理解していないからです。

そこでこの禊ぎの極意ともいえる「許し」について、もう少し説明してまいりたいと思います。

禊ぎの極意「許し」とは何か

奇跡の生まれ変わりを起こすために、自分を許し、相手を許す。それが禊ぎの極意です。この時の許しとは「赦す、認める、受け入れる」ことです。そこでこの許しの本質を理解するために、まず「許す」と「赦す」という、二つの「ゆるし」の違いから、説明してまいりたいと思います。

◇　◇　◇

●赦す

人から何か理不尽なことをされた時、私たちはたいへん不愉快な思いをしたり、耐え難い苦痛を強いられたりすることがあります。それでも水に流して相手を勘弁してあげること、それが「赦す」という言葉の意味です。

たとえば戦争は殺し合いです。政治とは無関係のところで生きている一般庶民にとって、ある日突然に愛する身内を殺されることほど、理不尽なことはありません。戦争はそうやって互いに理不尽な行為をし合うのです。そして、互いに相手の理不尽な行為を赦せないから、報復の連鎖は起こります。平和を願いながらも、世界から戦争がなくならないのは、互いに敵から受けた過去の理不尽な行為を赦せないからです。だから、どこかで赦さない限り、憎しみ合いが終わることはありません。

また、人に対して恨み辛みを抱くことは、決して楽しいことでも、心地良いことでもありません。むしろ本人にとっては大変なストレスです。「人を呪わば穴二つ」という言葉にもあるように、相手に対して抱いた思いがそのままストレスとなって、自分自身を蝕《むしば》んでいき、まるで自分が呪われたかのように、心身を害してしまいます。

だから、赦すのは相手のためではなく、自分のためなのです。それが老子のいう「怨みに報いるに徳を以《もっ》てす」に至るのです。

自分が犯してしまった過ちについてもそうです。

人間以外のすべての存在、すべての生き物は、ある意味ですでに完成された状態で存在しています。

たとえばマウンテンゴリラは、筋力トレーニングなどしなくてもすでに怪力ですし、アフリカのチータは、陸上部に入らなくても、時速百キロで走れるほどの俊足です。

つまり、これらの動物たちのように、地球上の全ての生き物たちは、成長過程も含めて、すでに完成された状態で存在しています。それに対して、私たち人間だけは心も体も、自らを造り上げていかなければ、何者にもなれず、完成されることはありません。

つまり、未熟で未完成な状態であることが自然であり、過ちや失敗を犯すことが人間としての証であるということです。

人間は過ちや失敗を繰り返しながら、この人生を通して自らを完成させていく生き物です。**すなわち「神の子」として、未完成の状態から自らを育て上げ、「創造力」を養っていく存在であるということです。ですから、過ちや失敗は私たち人間にとって、そのための大切な「養分」であり「糧」であるということです。むしろそれがなければ生育できないほどに大切なものなのです**（「アクション・プランの作成にあたって」76ページ参照）。

ところが成長どころか、過去の過ちや失敗をいつまでも引きずり、後悔に苛《さいな》まれることがあります。しかし、その行為は自分を責め裁き、マイナスの思いを増大させているに過ぎず、何のメリットもありません。それを「反省」だと誤解している人がいますが、それは大きな間違いです。

「反省」と「後悔」は似て非なるものです。どちらも過去の言動を振り返って抱く思いですが、「後悔」はただただ自分を責め裁く行為であるのに対し、「反省」は許しを行うのです。

「反省とは自分を許すこと？」

今まで抱いていた「反省」のイメージからすると、違和感を抱く人もいるかもしれません。なぜなら「深く反省する」といえば、自虐的に落ち込み後悔する姿を思い浮かべるのが一般的だからです。だから、まるで自分の行為を肯定するような、「許す」という言葉は、全くぴんと来ません。しかし、「反省」と「後悔」とでは、前者は「許し」、後者は「責め裁き」、というほどに実は正反対の行為なのです。

そこでこのことを理解するために、次に許しに含まれる「認める」「受け入れる」の意味について説明したいと思います。

●認める・受け入れる

「許可」という言葉があります。たとえば「通行許可証」という場合の「許」という漢字は、何か悪いことをしたことに対して、許すという意味ではありません。「どうぞお通りください」と相手を受け入れる意味で「許」という字が用いられています。

「免許証」もそうです。「あなたは車の運転をしても良いですよ」と相手を認める意味で「許」という字が用いられているのです。

つまり、「許」という漢字の中には「赦す」という意味だけではなく、「受け入れる」「認める」という意味が含まれていることがこれでわかります。

私たちが過去の過ちや失敗を引きずってしまうのは、それを「認めたくない」「受け入れたくない」からです。できることならそれを「やり直したい」「なかったことにしたい」と未練を残しているから、いつまで経ってもそのことにとらわれてしまいます。

しかし、すでに起こってしまったことはどうすることもできません。その事実は受け入れるしかありません。それが「許す」という言葉に含まれる意味です。

また「認める」という言葉は「確認する」という言葉に置き換えれば、よりわかりやすくなるでしょう。

なぜそのようなことが起こってしまったのか、その行為に至るまでのプロセスを深く検証し確認するのです。

つまり、「反省」とはいたずらに自分を責め裁くことではなく、その失敗や過ちに至るまでの過程を、客観的に検証し確認して、事実は事実として受け入れることです。その上で良かった点、悪かった点を明確にし、今後そのようなことが再び起こらないように最善の方法を導き出します。このように反省とは「許し」を行うことなのです。

また、**他者を許すとは相手の過ちを赦し、自分とは違う、相手の立場や気持ちを認めること。言い換えれば尊重することです。そして、それを時に受け入れること。**それが他者に対する「許し」です。そして、互いの違いを否定せずに、尊重し合う姿勢こそが、「和の精神」の根幹にある思想なのです。

それでは自他の行為や存在を赦し、認め、受け入れるにはどうしたら良いのでしょうか。頭ではそれをわかっていても、実践となるとそれがなかなかできずに、それが自己嫌悪の原因になってしまう経験が、読者の皆様にもあるのではないでしょうか。

●知る

相手を赦し、認め、受け入れるためにやらなければならないこと、それは「知る」ということです。

たとえば連続強盗殺人犯がTVのニュースで報道された時に、私たちはその犯人を非難し、許すことができません。しかし、何かの機会にその犯人の生い立ちや家庭環境、事件に至るまでの人生を知ると、また違った感情が芽生えることがあります。そこから許しが始まります。

私たちが相手を許せないのは、たいがいが相手の事情を知らないからです。たとえ知っていたつもりでも、それは限りなく自分の立場から、表面的に知っているに過ぎません。決して相手の身になって、相手の気持ちに寄り添うようにしてではありません。限りなく自分の立場から相手を分析して、知ったつもりになっているだけです。相手の苦悩や孤独、憎しみや悲しみ、さまざまな気持ちを分かち合うような意識で理解しようとしているのではないということです。だから許せないのです。

私たちは自分のことですら、なかなか掘り下げて見つめることができません。ましてや他人の気持ちを相手の身になって理解するなんて、そんな億劫なことができないだけです。

たとえば今から五百年前の日本人が、生まれて初めて白人や黒人に接したとしましょう。当時の日本人はたいへん小柄です。そこへ二メートル近い黒人や、金髪に青色の目をした白人が、目の前に突如現れたらどうでしょうか。

黒人や白人は鬼か化け物のように見えたかもしれません。「襲われて食べられてしまうくらいなら、その前に退治してしまえ！」と思ってもおかしくないでしょう。

しかし、今の私たちならまさかそのように思うことはありません。なぜなら「知っている」からです。さまざまな情報を得て、彼らが私たちと何ら変わらない人間であることを知っているからです。

相手に対するいたずらな敵対心も、相手に対するこのような無理解や、コミュニケーション不足が原因であることは少なくありません。

人によっては過去の過ちや失敗だけではなく、自分自身の性格や個性、存在そのものが嫌いだと言って、自己嫌悪したり、自己否定したりしていることもあるでしょう。しかし、それでは生涯「自分を好きになれない」というストレスを抱えたままで、生きることになります。それでは決して心から幸せに生きることなどできません。自己否定や自己嫌悪をしたままの人生に、心からの幸せの可能性などないということです。

ならば可能性のある道を選ぶべきではないでしょうか。つまり、自分の性格や個性、存在を受け入れるという生き方です。

ただし、ここでも勘違いをしてしまいがちなことがあります。それは**受け入れたからといって、自分の欠点や未熟を、そのまま放置しておけば良いということではありません。**


たとえば明らかに誰が見てもゴミとわかるものが部屋にあったとしましょう。

私たちは部屋に入った瞬間に、そのゴミに気づきます。つまり、部屋にゴミがあることを「知った」のです。


ところがもしゴミがあることを知っていながら、見て見ぬふりをしたならば、それはゴミがあるという事実を「知って」はいても「受け入れてない」「認めていない」ことになります。

ゴミがあるという事実を受け入れ認めたなら、私たちはそのゴミをきちんとゴミ箱に捨てて処分しようとするからです。

それと同じように、**自分の中に直すべき欠点、未熟な短所があると知っていながら、それを放置することは、本当の意味で自分を許してはいないのです。**

本当の意味で自分を許している人というのは、自分の直すべきところを見て見ぬふりをするのではなく、きちんとゴミ箱へゴミを捨てて処分するように、改め直そうとする姿勢を持っているのです。

◇　◇　◇

すでに起きてしまったことを、いつまでも受け入れずに否定していても、何もことは進みません。

犯してしまった過ちをいつまでも赦さずに、責め裁き、根に持っていたのでは、自分自身がいつまでもそのことに縛られたままで、そこから抜け出すことができません。

だから、過去を水に流して、許すのです。

過去に対する未練やわだかまりをいつまでも持ち続けている人は、人生の時計の針がそこで止まってしまっています。

生まれ変わるとは成長する、ということです。過去を思い出してはそのことにばかり拘《こだわ》っている人は、当時と同じ意識のままで何も変われずに、精神的に成長することができません。


日本人は禊ぎの精神。すなわち許しの思想を持った民族です。

だから、どんどん生まれ変わりを起こすことができたのです。

過去を水に流すとは、過去に対する責任を放棄するという無責任ではありません。

自他の過去を赦し、認め、受け入れることです。


許すのは相手のためではなく、自分のためです。

日本にとってアメリカは敵国でした。原爆を二発落とされ、無差別の空襲を受けた、許し難い敵のはずです。

「汝の敵を愛せよ」とはイエス＝キリストの有名な言葉ですが、いくら負けたからとはいえ、これほど見事に敵国を赦し、敵国の文化を認め、受け入れることのできる民族は他に例がないでしょう。

それは禊ぎの精神（許しの思想）があるからです。

だから、生まれ変わりを起こし、奇跡が起こせたのです。

それを私たち一人ひとりが行えば、個人のレベルにおいてもどんどん生まれ変わりと、奇跡をこの人生に起こすことができるのです。

掃除の深い意味は内清浄と外清浄にあります

禊ぎといえば、祓い清めであり、祓い清めといえば、掃除です。

日本では古来より六月の晦日《みそか》（月末）に夏越しの大祓《おおはらい》、十二月の大晦日に年越しの大祓を行います。そして、掃除を欠かしません。

掃除は単にその場を物理的にきれいにしているのではありません。

皆さんも数時間、黙々と掃除や片付けに没頭したことがあればおわかりでしょう。

余計なことは何も考えずにそのことに専念すると、掃除や片付けをし終えた頃には、何ともいえない清々しい気持ちになれます。


心をきれいにすることを内清浄《ないしょうじょう》といいます。

しかし、姿形のない心をきれいに磨くことは物理的には不可能です。

それに対して、目に見える物質的なものをきれいに磨くことを外清浄《げしょうじょう》といいます。

そこで**目に見える家屋敷や身体をきれいにする外清浄を通して、目に見えない心をきれいにする内清浄を行います。**それが海、川、滝で行う禊ぎの行《ぎょう》や掃除です。

掃除をしたり、禊ぎの行をしたりした後で、何ともいえない清々しさを感じるのも、外清浄を通して、内清浄を行っているからです。


日本人が風呂好き、掃除好きなのも、こうした生まれ変わりの精神を持った禊ぎの民族だからです。

しかもただの観念としてではなく、この国が実際に世界が目を見張る成果を成していることからも、その効果は明らかです。

お正月もお盆も、その根底には禊ぎの精神があります。そのことをきっかけに、人々は過去を過去として許し、新たに生まれ変わろうとするのです。

日常生活で常に生まれ変わりたければ、自分の行いにも他人の行いにも、いつまでも執着せずに、その都度すべて水に流して許すことです。

もしそれが難しければ外清浄を通して、内清浄を行うことです。

その一番手っ取り早い方法が掃除や入浴です。

掃除の効用が、ことあるごとに謳《うた》われるのもそのためです。

物理的にただ部屋をきれいにする、体を洗う、という意識ではいけません。**穢れを祓おうとする意識で行った時に、はじめて心の穢れは祓われます。**

そして意識すべきは、外側ではなくて内側、他者ではなくて自分自身、すなわち自分の内面的な「心」です。

相手の表面的な言動や自分の見栄えという、外面《そとづら》にいつまでもとらわれていてはいけません。大切なのは内清浄という「心の祓い」です。

奇跡を起こす和の精神

禊ぎは許しの精神です。

そして、これが私たち日本人の精神性、「和」の神髄です。

互いの過去を水に流して赦し合い、互いの違いを受け入れ合い、認め合うことで、はじめて人は和することができるのです。

なかよしが仲良くすることを、ことさらに和の精神とはいいません。

仲良くできない者たちがいかに仲良くするか、それが和です。

そして、仲良くできない者たちが仲良くするためには、互いを許し合わなければなりません。

西洋の精神文化といえばキリスト教ですが、イエス＝キリストが説いた愛の中でも特に有名なのは、「汝の敵を許せ」というものでした。

つまり和の精神は、あのイエスが説いた愛に匹敵する「許しの思想」なのです。

イエスが説いた愛とは、神様のように分け隔てなく、すべてのものを愛しなさいという、すべてのものに恵みを与える、正に太陽のような愛でした。

そして、これこそが日本の礎を築いた聖徳太子が理想とした、「和をもって尊しとなす」の精神でもあります。

それが強い愛の力をもって、大きく和するという「大和の精神」なのです。

私たち日本人が古来より太陽を崇め敬ってきたのも、自然の恵みにただ感謝するためだけではなく、このような大きな愛を太陽に感じてきたからでしょう。


日本人の本領とするところに組織力があります。

それは互いに協力し合い、活かし合う、調和の精神から生まれます。

その根底にあるのが和の精神です。

つまり、許しの思想、禊ぎの精神です。

だから、高度経済成長期の日本の会社企業は、どんどん生まれ変わりを起こして発展していきました。


人は一人孤独に生きているのではなく、誰かと関わり合いながら生きています。

そして、一人の力でできることには限界があります。

禊ぎの精神が習得できると、それが和の精神へと発展していきます。和の精神を習得すると、人はより多くの人々とつながり、万倍もの力を得て事を成すことができるようになるのです。

資源のないこの小さな島国がこれだけ発展し続けてこられたのも、その精神性ゆえのことです。

一方、第二次世界大戦の敗戦や、バブル経済の崩壊のように、その精神を失った時に、この国は衰退し、滅びの道に至ります。

こうした許しの思想や和の精神は、多様な価値観が混濁する今の時代だからこそ、改めて見直されるべき時だといえましょう。

そして、幾多の危機を乗り越え、奇跡を起こしてきたこの国の精神は、地球規模の難題を抱える世界が、これから最も必要とする思想だといえましょう。

和をもって世界の人々が力を合わせて事に当たらなければ、人類が滅んでしまうような困難な時代に向かっているからです。

今から約二千年以上も昔、古代日本はちょうどアメリカ合衆国のように、多種多様な民族がさまざまな土地から移り住み、それが長い年月を経て、今日の日本になったといわれています。

つまり、私たちの祖国は元来が多種多様な民族によって形成された多民族国家であると考えれば、さまざまな価値観を共に分かち合い、共有し合いながら一つにまとまることは、私たちの先祖たちが辿ってきた道でもあり、それが日本人の本来の姿なのです。

少子高齢化社会に伴い、これからこの国は海外から多くの移民を受け入れなければ、社会として成り立たない時代を迎えるといわれています。

すでに多くの日系ブラジル人が日本に来ています。あるいは高齢化社会に向けて、東南アジアの人々の助けを必要としています。

また、今もすでに国内では大勢の人々が、三・一一などさまざまな災害によって、住み馴れた故郷を離れて、見知らぬ土地へ移住しなければ生きていかれない事態に陥っています。

同じ自国民であっても、このような一種の民族移動があれば、小さないさかいは起こります。

いわんや他民族が大量に流入する、そんな時代が遠からず訪れるのであれば、さらなる困惑や混乱は否《いな》めません。ならば原点回帰をすればよいのです。

誤解を恐れずにいえば、**太陽の心、すなわち和の精神を有するなら、たとえその者がどのような背景を持っていようとも、あるいはどのような国籍を有していようとも、広い意味での「日ノ本ノ民」、「太陽の民」、つまり「日本人」として、共に共存共栄して生きればよいのです。**

なぜならそれが元来の日本人の感性だからです。

すべてのものに恵みを与える太陽の民。そのことにこそ、私たちは民族としての誇りを持つべきでしょう。

ところが、このような日本の宝ともいえる和の思想、太陽の精神を世界に伝授する以前に、私たち日本人自身がこの精神を見失いかけています。

日本が再び発展の道を歩み出せるかどうか、その命運は先人から受け継いだ日本の精神性を取り戻せるかどうかにかかっているのです。


お正月とお盆。

ここには日本人の精神性が込められています。

まずは年越しの大祓と夏越しの大祓によって、過去をすべて水に流して許します。

それは自分と、自分に関わるすべての人、すべての出来事を赦し、受け入れ、認めるためです。すなわち禊ぎを行うのです。


それから、自分の命の源である先祖に感謝の誠を捧げて敬います。それが自分の新たな生まれ変わりの第一歩となるからです。

そして、自分を見つめ直し、自分を幸せにするために、何が本当に大切なことなのかを見直し問い直します。それをしっかりと見極めた上で、未来のビジョンを立て、自分自身に心を込めていくのです。

それを毎年毎年、年に二回、半期に一度、お正月とお盆の行事を通して行い、意識改革の精神をしっかりと養っていきます。

それがやがてはあなたの人生に数々の奇跡を起こすようになるのです。

ことを急いて魔法のような即席の結果や御利益を、安易に期待しないことです。

それはかえって意識改革を阻むことになってしまいます。

そのことを踏まえて、自らの力でどうかあなたの人生を幸せに導いてください。

第6章のポイント

◆禊ぎとは

心機一転、新たな気持ちで生まれ変わるために行う行為を「禊ぎ」といいます。新たな気持ちで生まれ変わるためには、何よりも「心の禊ぎ」が大切です。心の禊ぎとは全てを水に流して許すことです。

◆許しとは

許す心には「赦す、受け入れる、認める」という三つの心の働きがあります。「赦す」とは自他ともに犯してしまった過去の過ちや失敗を、いつまでも引きずったり、根に持ったりせずに、水に流して赦すことです。

「受け入れる」「認める」とはすでに起きてしまった出来事を、いつまでも否定せずに起きたことは起きたこととして受けとめることです。自虐的に後悔したり、相手を責め裁いたりするのではなく、その出来事の善し悪しを客観的に確認し、反省することです。

それを完遂できると人はそのことに対する未練やこだわりが消滅します。そして、意識は過去のとらわれから解放されて、未来に向かって「生まれ変わり」という、精神的な成長を遂げることができるのです。世に成功者といわれる人ほど、それを実践しているといえましょう。反対に何十年経っても状況が変わらずに、精神的な成長を遂げていない人ほど、いつまでも過去を引きずり、未練を残している姿は容易に想像できるでしょう。

◆内清浄と外清浄

頭では過去を水に流して許すことの大切さを判っていても、なかなか実践することは難しいものです。いくら意識改革をしたいと願っても、私たちはなかなか自分の性質を変えることはできません。そこで直接手に触れて、心を清めること（内清浄）はできないので、肉体や家屋敷、先祖の墓、あるいは姿形あるものを清めること（外清浄）を通して、意識改革を行います。それが日本の伝統として今でも残っている掃除や、滝行をはじめとする伝統的な禊ぎ行法なのです。

おわりに

お正月とお盆に集約される日本人の心とは、敬神崇祖と禊ぎの精神です。

敬神崇祖は日本人の謙虚な気持ちを表し、禊ぎは日本人の許しの心を表します。

謙虚とはおごり高ぶらないこと、許しとは過去を赦し、異質のものを受け入れ認める、寛容の心です。

この国の先人たちはおごり高ぶらず、真面目に、勤勉に、向上しようと精進してきました。

また、寛容の精神があるから、過去にとらわれずに、良いもの、新しいものをどんどん吸収し、生まれ変わりを起こし続けてきました。

資源のない小さな島国であるはずのこの国を、ここまで発展させ続けられた理由はこれらの精神性にあります。

だからそれを失う時、この国は衰退し、滅びてしまうのです。歴史が物語っている通りです。

そして、それは国や民族のレベルについてだけではありません。個人においても、敬神崇祖と禊ぎの精神という二つの心をしっかりと身につければ、私たちはどんどん意識改革を起こして、人生に奇跡を起こすことができます。

奇跡は日々の地道な精進の積み重ねによって起こります。

ちょうど砂場に水をまくようなものです。

どれだけ砂場に水をまいても砂がそれを吸ってしまい、見た目は変わりません。

ところが地下では確実に水は貯まっているのです。

そしてある時、まるで奇跡のようにそれが急に地表に表れます。

私たちは魔法のような即席の奇跡を期待してしまいがちです。

しかし、それは人々の願望をくすぐる、限りなくフィクションの世界での話です。

安易にそれを求め、手に入れようとすると、自己改革とは反対の道を歩むことにもなりかねません。

アメリカのある元ギャングがテレビの取材で、興味深い話をしていました。

お金には二種類ある。それが「ファースト・マネー」と「スロー・マネー」だ。

自分は大金を手に入れることに焦り、危ない橋を渡って、確かに若くして大金を手に入れた。しかし、手に入れた大金の使い道を十分に考える時間がなかったため、それを失うのにもそう時間はかからなかった。

また、危ない橋を渡った結果、刑務所で服役することにもなった。

しかし、服役中に自分はそこで人生を見つめ直した。そして出所後、今度は「スロー・マネー」の道を選んだ。

そのお陰で確かにお金を貯めるのに時間はかかるが、その分、お金の使い道を考える時間を十分に与えられることになった、と。

敗戦後、日本は奇跡の復興を遂げました。

しかし、勢い余って自然を敬う謙虚さを失い、おごり高ぶった結果、東日本大震災後の原発事故による、放射能汚染のような事態を招いてしまったのかもしれません。哲学者の梅原猛さんはそれを「文明災」と呼びました。

しかし、改めてもう一度いいます。

この国は比類なき奇跡を何度も起こしている国です。

なぜそのような、世界が目を見張る奇跡を起こすことができたのか？

それは先人たちが本書でお伝えしてきた内容を生活習慣として実践し、それを民族性として代々受け継いできたお国柄だったからです。

読者の皆様の人生にもこの国と同じような奇跡を、これからいくらでも起こすことができます。

何よりも私たちが住むこの日本という国が、それを証明してくれているのです。まやかしではない、確かな奇跡をどうかあなたの人生に起こし続けてください。


最後に本書の出版を快く引き受けてくださった、かざひの文庫の磐﨑文彰社長、イラストを添えてくださった山下由美子さん、装丁の緒方徹さん、写真の本間日呂志さん、毎月の禊ぎ修法で神道についてご教授くださった椿大神社の山本行恭宮司をはじめとする神職の皆様、本書の完成まで陰に陽に応援してくださり、お力添えいただいた皆様に、心からの感謝の意を表します。

宮本辰彦
平成二十七年九月十一日

付録

生まれ変わりのきっかけを与えてくれる日本の行事

ここにご紹介する行事は、数ある伝統行事の中でも、現代の私たちにとって比較的馴染みがあり、意識改革と生まれ変わりのきっかけを与えてくれるものです。

古くからの伝統行事は元来旧暦によるものですが、現代では新暦で行われているものも少なくありません。大切なことは、このことをきっかけに自分を見つめ、自分の生き方を振り返り、反省することです。

1月1日　元旦（正月）
　7日　人日の節句（七草の節句）
　15日　左義長（どんど焼き）
2月3日頃　節分

2月11日　紀元節（建国記念の日）
3月3日　上巳の節句（桃の節句）
3月21日頃　彼岸会（春分を中日とし、前後各3日を合わせた各7日間）
4月8日　灌仏会（花祭）
5月5日　端午の節句（こどもの日）
6月30日　夏越の祓
7月7日　七夕
7月15日　盂蘭盆会（お盆）
8月15日　終戦記念日
9月9日　重陽の節句（菊の節句）
9月23日頃　彼岸会（秋分を中日とし、前後各3日を合わせた各7日間）
10月17日　神嘗祭
11月15日　七五三
23日　新嘗祭（勤労感謝の日）
12月31日　年越しの大祓

「生《う》まれ変《か》わる」極意《ごくい》
人生《じんせい》を好転《こうてん》させるお正月《しょうがつ》とお盆《ぼん》の過《す》ごし方《かた》

著者　宮本辰彦《みやもとたつひこ》

著者プロフィール
1964年生まれ。大分県出身。名古屋在住。中臣鎌足を祖とする神職、学者、医師の家系に生まれる。1995年1月17日に瞑想ヨガ教室、ヒーリングスペースTatsu開設。現在「和と愛を日本から世界へ伝えたい」をテーマに、聖徳太子の『十七条憲法』を世界遺産に登録するべく、TatsuClub（自立・立志・出立）を主宰し、各都市でセミナーや講演活動を行っている。主な著作に『この国を愛するために靖国』（国書刊行会）『自分を愛すれば幸せになれる！』『成功と幸せを手に入れる瞑想力』（共にアスペクト）がある。
http://www.tatsu.ne.jp

2015年11月25日　初版発行

発行者　磐崎文彰
発行所　株式会社かざひの文庫
〒110-0002　東京都台東区上野桜木2-16-21
電話／FAX 03(6322)3231
e-mail:company@kazahinobunko.com　http://www.kazahinobunko.com

発売元　太陽出版
〒113-0033　東京都文京区本郷4-1-14
電話 03(3814)0471　FAX 03(3814)2366
e-mail:info@taiyoshuppan.net　http://www.taiyoshuppan.net

印刷　シナノパブリッシングプレス
製本　井上製本所
装丁　緒方徹
イラスト　山下由美子
写真　本間日呂志

ISBN978-4-88469-859-1